DIX JOURS DE COURSES

DANS LES

ALPES BERNOISES

(Août 1883)

par MM. BIANCHI, CARRET et CHIFFLET

Membres de la Section Lyonnaise du Club Alpin Français

LYON

IMPRIMERIE MOUGIN-RUSAND

3, Rue Stella, 3

1886

DIX JOURS DE COURSES

DANS LES

ALPES BERNOISES

DIX JOURS DE COURSES

DANS LES

ALPES BERNOISES

(Août 1883)

par MM. BIANCHI, CARRET et CHIFFLET

Membres de la Section Lyonnaise du Club Alpin Français

LYON
IMPRIMERIE MOUGIN-RUSAND
3, Rue Stella, 3

1886

ASCENSION DU BALMHORN

(3.711 mètres)

De Schwarenbach à Louèche-les-Bains, par le Balmhorn et le Zagengrat

(22 AOUT 1883).

L'ascension du Balmhorn a été pour moi la réalisation d'un désir caressé depuis longtemps. Pendant un séjour que j'eus l'occasion de faire à Louèche-les-Bains en 1865, il me souvient que mes regards étaient sans cesse attirés vers le fond de la vallée de la Dala par cette belle cime neigeuse qui, chaque soir, s'illuminait des feux du soleil couchant et qui, disait-on, n'avait pas encore été gravie (1). C'était assurément une escalade bien tentante, mais cette entreprise m'apparaissait à cette époque, entourée de difficultés qu'augmentait encore la réputation d'inaccessibilité de la montagne.

Cette année, tous mes souvenirs se réveillèrent à la lecture de la notice que M. de Fellenberg a consacrée au Balmhorn dans son remarquable itinéraire du champ d'excursion du S. A. C. pour 1882-1883, et j'acceptai avec empressement l'aimable proposition de mon excellent collègue, M. l'abbé Chifflet, de me joindre à lui pour une excursion dans les Alpes bernoises, comprenant le Balmhorn pour première étape.

(1) On ne connaissait pas encore, à ce moment, l'ascension faite l'année précédente par MM. et Miss Walker.

Lorsqu'on jette les yeux sur les feuilles XVII et XVIII de l'atlas Dufour ou mieux sur la carte d'excursion du Club alpin suisse pour 1884, on voit que le groupe du Balmhorn représente assez bien un quadrilatère dont notre montagne forme l'angle sud-est et le point le plus élevé (3,711 mètres), quadrilatère limité au *sud*, par la vallée de la Dala et la Gitzifurgge, à l'*est* par le Lotschenpass, au *nord* par la vallée de Gasteren et le cours de la Kander, à l'*ouest* par le sentier et le col de la Gemmi.

Ce massif qui fait partie des Alpes calcaires bernoises occidentales, appartient aux étages inférieur et moyen des terrains jurassiques et renferme trois sommets principaux : le *Rinderhorn*, l'*Altels* et enfin le *Balmhorn* rattaché aux précédents par de puissantes arêtes.

Le massif présente, vers le nord, des pentes couvertes de neiges et de glaces et se termine à l'est et au sud par des parois abruptes dont les escarpements dominent,à une grande hauteur, le Lotschenpass et la vallée de la Dala. Entre l'Altels et le Balmhorn prend naissance le Schwarzgletscher, qui descend d'abord vers l'ouest, contenu au sud par le Zagengrat; puis, rencontrant la masse du Rinderhorn s'infléchit brusquement vers le nord et fournit le torrent le Schwarzbach, tributaire de la Kander.

Un autre glacier, beaucoup plus rapide, le glacier de Wildelsigen (ou du Balmhorn), recouvre tout le versant nord du Balmhorn et présente un aspect imposant, lorsqu'on contemple du haut du Niesen ses pentes formidables, sillonnées de profondes crevasses et chargées de séracs menaçants.

C'est du sommet du Niesen et de différents points de la vallée de la Kander, notamment du village de Frutigen que le Balmhorn présente l'aspect le plus grandiose. On l'aperçoit à peine, par quelques échappées fugitives, du chemin de la Gemmi.

Avant d'atteindre Schwarenbach, en face de Spittalmatt, groupe de chalets qu'on traverse on venant de Kandersteg, on voit s'ouvrir, entre l'imposant Altels et les contreforts du Rinderhorn, une gorge profonde occupée par le Schwarzgletscher et limitée au sud par une arête neigeuse escarpée, le

Zagengrat qui va s'élevant de l'ouest à l'est, rattachant le Rinderhorn au Balmhorn et conduisant directement à cette dernière cime.

Par sa situation exceptionnelle entre les trois vallées de Louèche, de Lotschen et de Gasteren et sa proximité du passage si fréquenté de la Gemmi, le Balmhorn devait attirer tout spécialement l'attention des touristes. Encore peu visité par nos compatriotes (je dois pourtant mentionner l'ascension faite par notre cher président d'honneur, M. le professeur Lortet), il est par contre très populaire en Suisse et c'est en ces termes qu'il est apprécié par un juge des plus compétents, le savant M. de Fellenberg dans son itinéraire déjà cité (1) : « Balmhorn 3,712 mètres. Vue splendide qui n'est peut-être surpassée par celle d'aucune autre cime des Alpes bernoises. Plus élevé que son voisin le Rinderhorn et plus avancé vers le sud, le Balmhorn présente, sur les Alpes valaisannes et sur la vallée de Lotschen une vue d'ensemble que l'on ne retrouve nulle part aussi complète et aussi belle. C'est maintenant l'un des hauts sommets les plus visités. Il est étonnant que l'on soit resté si longtemps avant que d'en essayer l'ascension. Studer, dans son panorama de Berne (1850, p. 171), dit même : « Selon toute apparence, la pointe du Balmhorn est inaccessible. »

Le 19 août 1883, en descendant du Niésen où j'avais été favorisé par un temps magnifique, j'étais venu coucher à Kandersteg et, le lendemain, après une longue et délicieuse flânerie sur les bords du ravissant lac d'Oeschinen, je m'acheminai dans la soirée, par le sentier de la Gemmi, vers Schwarenbach, tout heureux à la pensée de retrouver bientôt, après cinq grands jours de solitude, mon excellent collègue, M. l'abbé Chifflet, qui avait dû partir ce jour même de Lyon et passer la nuit à Louèche-les-Bains, accompagné de son fidèle guide Joseph Dévouassoud, de Chamonix. — Aussi, dès le matin, j'étais en observation au sommet du col de la Gemmi, lieu du rendez-vous, guettant l'apparition des compagnons si impatiemment attendus. Enfin, ils arrivent, j'entends le joyeux appel d'une voix amie et à la satisfaction que j'éprouve de nous trouver

(1) Traduction de M. de Chavannes.

réunis se joint l'agréable surprise de serrer la main de M. l'abbé Carret qui, à peine débarqué d'une excursion en Suisse, où il avait conduit une caravane scolaire, avait cédé aux instances de M. Chifflet et consenti à l'accompagner.

Le reste de la journée se passa agréablement en promenades et causeries. Pendant que M. Chifflet prend des vues photographiques, M. Carret, en compagnie d'un naturaliste parisien, ne cesse de poursuivre, avec un acharnement féroce, lespapillons et autres infortunés insectes jusque sous les pierres qui leur servent de refuge et rentre, le soir, chargé des dépouilles de la montagne sous la forme d'une ample moisson de *Rhododendron hirsutum*, récoltés dans une gorge au pied de l'Altels.

Après le souper, nous terminons nos derniers préparatifs pour le lendemain. Nos deux guides sont Dévouassoud père et Jean Ogi de Frutigen, qu'on m'avait recommandé comme connaissant à fond cette région; nous avions en outre deux porteurs : Clément Dévouassoud et Mathéus Auderegg, fils de l'hôtelier de Schwarenbach et neveu du célèbre Melchior. Ce personnel assez nombreux nous était nécessaire, car outre les provisions indispensables pour une longue journée et l'appareil photographique spécialement confié au jeune Dévouassoud, nous devions emporter tout notre bagage, n'ayant pas l'intention de redescendre à Schwarenbach.

Le 22 août, à 3 heures 30 minutes du matin, après une assez mauvaise nuit causée par l'affluence des voyageurs, nous prenons un léger repas et nous nous mettons en route, dispos et résolus, à la lumière d'un splendide clair de lune qui prête aux rochers et aux neiges une coloration et des reflets argentés que nous ne nous lassons pas d'admirer. L'air est calme, le ciel très pur et la température douce. En quittant l'hôtel, nous prenons droit à l'est et gravissons les flancs semés d'éboulis du petit Rinderhorn pour atteindre bientôt la moraine gauche du glacier de Schwarz ou de Zaggen que nous abordons à 4 heures 35, à l'altitude de 2,340 mètres. L'inclinaison est modérée, les crevasses étroites et peu nombreuses et nous avançons assez rapidement ; nous rejoignons deux touristes suisses que nous retrouverons tout à l'heure au sommet. Un peu plus haut, à 2,450 mètres, nous nous arrêtons quelques instants pour admirer, sur notre droite, la cascade de séracs du glacier du Rinderhorn dont les débris jonchent notre route. A 5 heures 3/4 (2,740 mètres), nous atteignons un plateau de névé, immédiatement au pied d'une pente glacée passablement raide, que nous devons gravir pour atteindre l'arête du Zagengrat. A gauche, la vue s'étend au loin sur la partie supérieure du glacier de Schwarz profondément encaissée jusqu'au cirque formé par le Balmhorn et l'arête qui le réunit à l'Altels.

Après une courte halte, employée à nous attacher à la corde, nous recommençons à monter en faisant un assez grand détour sur la droite pour franchir dans sa partie la plus étroite une bergschrund, qui coupe notre chemin. Décrivant de nombreux lacets, notre caravane s'élève peu à peu sur la pente de neige dont le sommet se rapproche de plus en plus. La température est excellente et, à cette heure matinale, nous ne sommes pas incommodés par le soleil, qui ne nous atteint qu'au sommet du Zagengrat, où nous arrivons à 6 heures 45 (altitude 3,050 mètres). La vue est saisissante : les regards plongent à pic, à une grande profondeur, dans la vallée de Louèche, encore ensevelie dans l'ombre. Au-delà de la vallée du Rhône, tous les sommets des Alpes valaisannes et, parmi eux, le superbe Weisshorn, étincellent aux feux du soleil levant. Droit à l'est, et encore bien loin de nous, se dresse la cime du Balmhorn, but de nos efforts.

Le sommet de l'arête est, par places, dégarni de neige, et nous débarrassant de la corde, nous nous mettons en mesure de procéder à un premier repas vivement apprécié après l'exercice auquel nous venons de nous livrer. La bienfaisante influence d'un déjeuner réparateur et d'une atmosphère tiède se fait bientôt sentir et nos guides oberlandais, mis en belle humeur, entonnent de joyeux jodels et nous régalent du Ranz des Vaches traditionnel.

Mais pendant ce temps, le soleil monte à l'horizon et nous devons nous élever encore de près de 700 mètres. Il faut reprendre la corde et s'affubler du masque. Nous devons cheminer presque jusqu'au sommet sur le Zagengrat, qui s'étend devant nous comme un ruban d'une blancheur immaculée. Cette arête n'est pas, à vrai dire, difficile ni étroite, mais elle demande pourtant quelques précautions. *A droite*, nous dominons presqu'à pic, de plus de 1,200 mètres, la vallée de la Dala et côtoyons des corniches de glace qui surplombent et sur lesquelles nous devons éviter d'aventurer nos pas. *A gauche*, la pente du névé s'incline rapidement et se creuse en couloirs vertigineux qui vont rejoindre à une grande profondeur le Schwarzgletscher. Un faux pas pourrait entraîner de fâcheuses conséquences : mais la neige est bonne et avec l'aide de la corde notre sécurité est complète.

Pourtant, l'heure des émotions allait sonner pour l'un de nous. Pour être plus au frais, Clément Dévouassoud s'était débarrassé de sa veste, qu'il portait négligemment sur le bras, lorsque tout à coup elle glisse et lui échappe, c'est en vain qu'il essaie de la ressaisir, le malencontreux vêtement est déjà bien loin et disparaît avec une vitesse croissante dans les profondeurs du précipice, et de là, sans doute, sur le glacier, à la grande consternation de son propriétaire, que nous empêchons de tenter un sauvetage impossible.

Nous continuons notre route sans autre incident, et après quelques courtes haltes rendues nécessaires par la chaleur et l'inclinaison croissante de l'arête, nous arrivons à 9 heures 20 au premier sommet du Balmhorn, que nous laissons à droite pour atteindre peu de minutes après le pied du cône de neige terminal que nous gravissons en écharpe par son versant nord, au-dessus du glacier du Balmhorn. Comme la pente est raide et coupée immédiatement au-dessous de notre chemin par une profonde bergschrund toute prête à nous recevoir (et parfaitement visible sur la photographie), nous n'avançons qu'avec précaution, en assurant nos pas, maintenant nos distances et nous aidant de nos piolets, profondément enfoncés dans le névé. Mais la neige présente une excellente consistance et, après un dernier effort, nous foulons à 9 heures 45 le sommet du Balmhorn, où nous retrouvons les deux touristes de Winterthur arrivés peu de temps avant nous. — Le thermomètre marque + 3° à l'ombre et + 7°,5 au soleil. Notre baromètre de Naudet indique une altitude de 3,710 mètres et ce chiffre, presque identique à celui de la cote officielle, nous autorise à considérer comme sensiblement exactes les altitudes inscrites pendant la course.

Le sommet du Balmhorn, assez étroit, se termine sur trois côtés par des pentes extrêmement rapides et a une étendue à peine suffisante pour contenir les dix personnes qui s'y trouvent réunies. Aussi, par prudence et sur les conseils des guides, nous restons attachés à la corde. Mais cette difficulté ne saurait arrêter le Patron (surnom de M. Chifflet dans la montagne) qui, ayant besoin d'espace pour prendre une photographie du sommet, se sépare de nous et descend un peu trop bas sur la pente rapide du versant nord, ce qui lui attire les objurgations du père Dévouassoud.

Le temps est magnifique et les regards peuvent errer librement dans un ciel sans nuages. Le panorama est merveilleux et tel qu'on peut l'attendre de la situation exceptionnelle de la montagne. Aussi, renonçant à énumérer la multitude de sommets qui se pressent à l'envi devant nos yeux, nous bornerons-nous à indiquer les points de ce vaste panorama qui ont le plus spécialement attiré notre attention.

De *l'ouest à l'est,* séparés de nous par la vallée de la Kander, se dressent le *Fisistock,* le grand *Doldenhorn,* les sommets de la *Blumlisalp,* dont les escarpements dominent le glacier de Tschingel, et le *Breithorn* de Lanterbrumen. Plus loin, l'*Eiger,* le *Monch,* la *Jungfrau* avec le Roththalsattel, le *Finsteraarhorn.* Plus près de nous, immédiatement à l'est, l'arête du Petersgrat et dans toute sa longueur la vallée de Lotschen se terminant à la Lotschenlücke, dont l'échancrure laisse apercevoir les rochers du Faulberg. Puis, l'Aletschorn, le Beichgrat et le majestueux Bietschorn. Plus loin, le Galenstock au-dessus du glacier du Rhône et tout à fait aux limites de l'horizon, le Toedi et les Alpes glaronnaises. Immédiatement à nos pieds, vers le sud, le glacier de Fluh et la Gitzi-Furgge, qui conduisent dans le Lotschenthal, le Ferden-

Rothorn, la vallée de la Dala, dominée par le Torrenthorn, avec le village de Louèche-les-Bains, qui nous apparaît comme au fond d'un abîme à 2,200 mètres au-dessous de nous.

Au delà de la vallée du Rhône, nous reconnaissons les principaux sommets des Alpes Pennines, le Monteleone, au-dessus de la route du Simplon, le Fletschorn, le Weissmies, la vallée de Saas et la chaîne des Mischabel avec le Balferin comme avant-garde : le Bruneggliorn et surtout le Weisshorn, qui, flanqué de ses puissants contreforts, s'élève majestueux comme le monarque de la chaîne, puis la Dent-d'Hérens, la Dent-Blanche, le Cervin. — Plus à droite, le grand Combin, le Velan et dans un lointain vaporeux le mont Blanc et le Buet. Tout près de nous, à l'*ouest*, se dresse le Rinderhorn, qui nous cache en partie le Wildstrubel et ses glaciers, et enfin, à une faible distance, séparé de nòtre belvédère par le glacier de Schwarz ou de Zaggen, l'Altels rattaché à son rival le Balmhorn par une formidable arête de glace, escarpée, tranchante et des plus difficiles, franchie pourtant en 1874 par de hardis touristes de la Section de Berne du C. A. S. qui, après avoir gravi l'Altels, prirent cette voie aérienne pour atteindre le Balmhorn. Cette entreprise ne leur demanda pas moins de quatre heures et demie d'efforts soutenus, bien qu'en ligne droite, la distance qui sépare les deux montagnes ne dépasse guère 1,600 mètres.

Après un séjour de près d'une heure sur le sommet, notre admiration n'est pas épuisée, mais, en dépit du soleil, le froid commence à se faire sentir et nous éprouvons le besoin de sortir de notre immobilité prolongée. Mais dans quelle direction allons-nous opérer notre descente? Nous aurions grande envie de gagner directement le Lotschenthal si rapproché de nous et d'aller coucher à Ried. Pour cela, nous devrions descendre sur le Lotschenpass ou la Gitzifurgge; mais dans l'une et l'autre de ces directions, les pentes sont extrêmement rapides et, eu égard à la grande quantité de neige tombée pendant les mois précédents, les avalanches sont à redouter, surtout à cette heure déjà avancée de la journée. L'attitude et les réponses d'Ogi, familiarisé depuis longtemps avec ces passages, ne sont pas faites pour dissiper nos appréhensions et, après avoir tenu conseil, renonçant bien à regret (et peut-être à tort) à passer dans le Lotschenthal, nous décidons de revenir au Zagengrat.

Nous redescendons avec les précautions d'usage, la pente peu engageante de la calotte de neige, et, arrivés sans accident sur un terrain plus facile, nous avançons aussi rapidement que le permet une neige épaisse et ramollie par le soleil, où nous enfonçons profondément à chaque pas.

Nous ne tardons pas à arriver en vue du couloir où notre aspirant guide avait laissé tomber sa veste et nous allions passer outre. Mais Clément, qui avait soigneusement noté dans sa mémoire le lieu de l'accident, ne l'entendait pas ainsi. Par le plus grand hasard, le vêtement arrêté dans sa chute par une aspérité rocheuse émergeant de la glace, y était resté accroché, à 70 ou 80 mètres au-dessous de nous. Notre héros demande à faire une tentative pour rentrer en possession de sa veste et surtout du livret où sont consignés les hauts faits déjà accomplis, livret précieux qui sera le gage de son admission prochaine dans la compagnie des guides de Chamonix. C'est en vain que nous protestons contre une telle entreprise qui nous paraît insensée, tant le couloir semble devoir défier toute attaque avec sa déclivité vertigineuse et ses parois de glace vive. Nos remontrances sont inutiles et le hardi montagnard est déjà à l'œuvre, taillant des marches dans cette formidable pente qu'il n'hésite pas à affronter seul. Le vieux Dévouassoud, qui voit bien le danger auquel l'imprudent va s'exposer, semble agité par des sentiments divers, partagé entre la crainte d'un terrible accident et le désir de nous donner une éclatante preuve de l'audace et de la sûreté de son fils. Nos deux cordes mesurant ensemble plus de 40 mètres sont réunies bout à bout, les deux guides oberlandais, se piquant d'honneur, s'attachent à la suite de leur compagnon et le vieux Dévouassoud ferme la marche, profitent des moindres saillies pour y accrocher son piolet et donner une apparence de sécurité à cette émouvante et dangereuse expédition.

Pour nous, restés sur l'arête, nous avons à peine le courage de les regarder et, pleins d'anxiété, nous détournons les yeux de cette grappe humaine, collée en quelque sorte aux parois du couloir et comme suspendue dans le vide. Si un seul d'entre eux eût glissé, ses compagnons auraient été impuissants à le retenir et tous eussent été infailliblement précipités à 300 ou 400 mètres au-dessous sur le Schwarzgletscher.

Après une attente qui nous parut bien longue, des hourras, s'élevant de l'abîme, nous apprennent enfin le succès de l'entreprise. La veste est retrouvée intacte et avec elle le précieux livret. C'était en même temps la fin de nos angoisses.

Quant au héros de l'aventure, il triomphait modestement et nous revenait calme, souriant, comme s'il eût fait une simple promenade.

Cet émouvant sauvetage ne nous avait pas retenus trop longtemps et nous sommes bientôt de retour au Zagengrat où nous achevons le reste de nos provisions. La chaleur est devenue accablante et nous souffrons assez vivement du manque d'eau. Après une halte suffisante, nous nous séparons des clubistes suisses qui regagnent Schwarenbach par la route ordinaire. Pour nous, nous avons décidé de tenter de descendre directement sur Louèche. Ogi nous affirme que le passage est praticable et s'engage à nous conduire sains et saufs au pied de ces gigantesques escarpements qui dominent de plus de 1,200 mètres le fond de la vallée et qui, de notre arête, présentent un aspect assez rébarbatif et ne nous promettent rien de bon. Toutefois les avalanches ne seront pas à craindre, mais nous devrons éviter les chutes de pierres.

Nous quittons le Zagengrat à 1 heure de l'après-midi. Ogi part en reconnaissance et choisit pour commencer la descente, non loin des premiers contreforts du Rinderhorn, un point de l'arête où il pratique une brèche en détachant avec le piolet la corniche de glace qui surplombe. Nous le rejoignons en sautant après lui sur une étroite selle de neige, puis nous nous engageons avec précaution sur une pente d'éboulis passablement raide et glissante que nous abandonnons bientôt pour contourner un éperon rocheux qui nous sépare d'un couloir glacé où il est nécessaire de tailler des marches. La déclivité augmentant de plus en plus, nous force à gagner à grand'peine un autre couloir dégarni de neige. Nous n'avançons qu'avec lenteur et avec les plus grandes précautions, sur des rochers peu solides où il faut essayer avec le pied chaque saillie avant d'y risquer le poids du corps.

L'inclinaison est toujours très forte et la corde si précieuse sur le glacier est parfois gênante dans certains passages. Malgré toute notre attention, nous ne pouvons éviter de détacher quelques pierres, dont une vient frapper au bras et contusionner assez fortement le père Dévouassoud.

En dépit de ces quelques difficultés, tout se passe assez bien pendant la première heure et nous tenons déjà le succès comme assuré. Mais nous sommes bientôt arrêtés par une paroi perpendiculaire. Nous essayons un couloir voisin : nouvelle déconvenue. Ogi, visiblement perplexe, se recueille un instant et veut nous conduire plus à l'est vers une pente de névé d'une roideur peu engageante. Pour vaincre notre hésitation, il nous affirme avec assurance que cette fois nous sommes dans la bonne voie et il se met à tailler des marches avec une nouvelle ardeur. L'espoir renaît bientôt suivi d'une nouvelle déception. Nous sommes dans un véritable couloir d'avalanches et, si nous continuons, nous risquons fort d'être précipités. Ogi, pressé de questions, finit par avouer qu'il s'est égaré et qu'il ne se reconnaît plus dans ce dédale de couloirs qui se ressemblent tous. Nous ne devons pas être à plus de 300 mètres au-dessous de l'arête d'où nous sommes partis et, un des guides hasarde timidement l'avis que le parti le plus sage serait peut-être de revenir sur nos pas et de remonter au Zagengrat. Nous protestons énergiquement et, plutôt que de subir une telle capitulation, nous sommes décidés à chercher dans les rochers un abri quelconque pour passer la nuit et à y attendre le jour, pour reprendre avec plus de chances de succès la descente que nous croyons toujours possible.

Pour bien comprendre les difficultés qui nous arrêtent, il faut se rappeler que cette gigantesque muraille qu'on aperçoit de Louèche et qui s'étend sur une longueur de 3 à 4 kilomètres depuis le glacier de la Dala jusqu'au Rinderhorn, est sillonnée de nombreux couloirs séparés les uns des autres par des éperons rocheux, véritables arcs-boutants de la montagne. De distance en distance, la pente est brusquement interrompue et coupée par des escarpements perpendiculaires. Passer de l'un à l'autre des gradins ainsi formés, n'est pas une entreprise aisée et nous devons essayer successivement plusieurs couloirs avant d'en trouver un qui nous permette de gagner tant bien que mal l'assise inférieure ; nous nous apercevons alors, mais malheureusement trop tard pour en profiter, que nous aurions évité beaucoup de difficultés, si, aussitôt après avoir quitté le Zagengrat, nous avions pris la précaution de nous diriger tout d'abord plus à l'ouest, en longeant la base du Rinderhorn.

Dans le but de nous épargner de nouveaux efforts et d'inutiles fatigues, le père Dévouassoud envoie son fils en avant pour reconnaître les passages. Nous mettons aussi à contribution la grande expérience et la sagacité du vieux guide qui ne se rappelle pas, dans le cours de sa longue carrière, avoir fait souvent de pareilles descentes, et, poussant toujours à l'ouest où les pentes semblent moins raides, nous traversons successivement sur des ponts de neige et des débris d'avalanches plusieurs couloirs auxquels succèdent des corniches scabreuses où nous apprécions vivement l'assistance de la corde.

Des efforts aussi persévérants devaient être couronnés de succès. Les derniers obstacles sont surmontés et nous arrivons bientôt sur des pentes gazonnées, où un sentier de chèvres nous amène rapidement au fond de la vallée que nous atteignons enfin à 5 heures 30 du soir, en face des chalets de la Fluh-Alp dont nous sommes séparés par une gorge profonde où coule la Dala.

Ainsi, plus de quatre heures avaient été nécessaires pour descendre de 1000 mètres sur ces formidables escarpements dont nous ne serions probablement pas venus à bout sans les pentes de neige dure où nous avions pu tailler des marches et enfoncer solidement nos piolets. Les couloirs d'où la neige avait disparu étaient, pour la plupart, impraticables, car, outre leur extrême inclinaison, leurs parois étaient tellement polies par les eaux et les chutes de pierres, qu'on y eût à grand peine trouvé des saillies où il fût possible de placer les pieds. Si le mauvais temps nous avait surpris dans une pareille descente, notre situation aurait pu être des plus critiques et des plus périlleuses.

D'autres touristes avant nous avaient rencontré, sur le même versant, des difficultés analogues. Le 15 août 1875 (1), MM. Brooksbank et Beard, accompagnés des guides Kaspar et Jacob Blatter et du porteur Donat Brunner, partis comme nous de Schwarenbach pour faire l'ascension du Balmhorn et gagner le Lotschenthal par la Gitzi-Furgge, avaient commencé la descente par un couloir de neige, à 35 minutes du sommet dans le but d'aborder le plus haut possible le glacier de Fluh. Arrêtés par des parois infranchissables, ils durent, après de vaines tentatives, revenir à l'ouest et ne purent atteindre qu'assez tard le fond de la vallée de la Dala, au niveau de l'extrémité inférieure du glacier, d'où ils se rendirent à Louèche, après avoir consacré 15 heures 40 à cette expédition.

Si j'ai parlé un peu longuement de cette dernière course, c'est avec l'intention de faire remarquer que ces messieurs avaient choisi leur direction beaucoup plus à l'est que nous (1.800 mètres environ) et que notre ligne de descente, avec le Zagengrat comme point de départ, est tout à fait différente. Nous avons été probablement les premiers à franchir ce passage qui, si nous en croyons M. de Fellenberg (2), n'avait pas encore été tenté.

Pendant les péripéties de cette longue et difficile descente, la bonne contenance de la caravane ne se démentit pas, et, sauf quelques timides murmures, bien vite réprimés par un regard du Patron que rien ne saurait émouvoir, on ne surprit jusqu'à la fin de la course aucun symptôme de découragement ou de défaillance.

Malgré la tension excessive et constante de nos muscles, nous ne ressentions pas une trop grande fatigue, nous

(1) *Alpine Journal*, vol. VII, pages 441 et 442, sous ce titre : *The Balmhorn and Regizi-Furke*. Voir aussi *Fellenberg*, page 58.

(2) Loc. cit., page 63. « A-t-on effectué directement le passage de la vallée de la Dala à Schwarenbach, par un point de l'arête entre le Balmhorn et le Rinderhorn ? Cela vaudrait la peine d'être tenté. »

n'étions pas non plus de trop méchante humeur, en dépit de l'agacement général résultant des difficultés inattendues que nous avions rencontrées sur notre route. Le plus à plaindre était certainement Jean Ogi (excellent guide d'ailleurs et auquel nous ne gardons pas rancune pour les épreuves dont nous lui étions redevables). Pendant le retour à Louèche, une fois arrivés dans la vallée, le traître se tint constamment en avant de nous, soit qu'il fût soucieux de se soustraire à nos reproches, ou qu'il voulût nous cacher la blessure faite à son amour-propre par les sourires et les commentaires quelque peu ironiques des autres guides.

Arrivés à Louèche à 6 heures 45, après de nombreuses libations aux sources que nous rencontrons chemin faisant, notre première visite est pour l'Établissement thermal où nous savourons les délices d'une douche froide, bienfait inappréciable après une longue journée de marche, non moins qu'excellente préparation au plantureux souper qui nous attendait à l'hôtel de la Maison-Blanche, dont la confortable hospitalité allait bien vite nous faire oublier nos fatigues.

Pour moi, je conserverai longtemps le souvenir de cette belle course, si parfaitement réussie, et dont il m'avait été donné de partager les vives jouissances avec deux excellents collègues, aussi aimables compagnons que vaillants alpinistes.

Nous ne saurions trop chaudement recommander l'ascension du Balmhorn à ceux de nos collègues qui seraient désireux de gravir un des plus beaux belvédères des Alpes bernoises. Ils y trouveront réunis tous les attraits des grandes courses, et, malgré l'élévation de la montagne, ils n'auront à redouter ni difficultés, ni risques sérieux. Seule, la calotte de neige terminale exige un peu d'attention. De Schwarenbach, la montée demande 5 à 6 heures, suivant l'état du névé, et le retour 4 à 5 heures. — Dans ces conditions, cette ascension peut être entreprise par les dames qui ne redoutent pas un peu de fatigue.

Quant à la descente directe sur Louèche-les-Bains par le Zagengrat, ainsi que nous avons essayé de le montrer dans ce récit, c'est une expédition assez difficile, et cette direction, quelque attrait qu'elle puisse présenter pour ceux qui ne redoutent pas les émotions, ne doit être entreprise, répéterons-nous après M. de Fellenberg (1), qu'avec des guides connaissant parfaitement les lieux, en l'absence de tout danger d'avalanches et avec des têtes à l'abri du vertige.

Dr A. BIANCHI.

Lu à la séance du 4 décembre 1883.

(1) Loc. cit., page 58.

DE GAMPEL A LAUTERBRUNNEN

par

LE LÖTSCHENTHAL ET LE PETERSGRAT

Sur la ligne du chemin de fer du Valais, à peu près à égale distance entre Louèche-Ville et Viège, se trouve la petite station de Gampel. L'emplacement de la gare bâtie au milieu des affouillements du Rhône, la plaine marécageuse qui l'entoure, donnent à cette construction étriquée et solitaire je ne sais quel aspect de tristesse et de désolation.

Cependant, à quelques centaines de mètres avant d'atteindre cette gare, au moment même où le sifflet de la locomotive annonce son approche, le voyageur qui arrive de Louèche et regarde à gauche, voit tout à coup une maison blanche émerger du milieu des saules et des peupliers, à plus d'un kilomètre de là. Presque aussitôt son regard plonge dans une gorge étroite et profonde, et, au loin, à l'extrémité de la gorge et fermant l'horizon, la croupe d'une montagne couverte de neige attire son attention. C'est comme une triple vision pour le voyageur, lassé de l'aspect uniforme et désolé de la vallée qu'il parcourt. La vision dure à peine cinq minutes, y compris le temps d'arrêt à la station. Le sifflet retentit de nouveau, la locomotive s'ébranle, le train reprend sa marche rapide et la maison blanche disparaît aussitôt cachée par son rideau d'arbres; la gorge se referme, et la croupe neigeuse s'évanouit pour toujours derrière les premiers escarpements du sombre Mallichhorn.

2

La montagne de neige est le Petersgrat; la gorge, le Lötschental; la maison, l'hôtel de Gampel.

C'est dans cet hôtel que nous arrivions, notre honorable et bien cher Vice-président, M. le docteur Bianchi, M. l'Abbé Chifflet et moi, le 23 août dernier, à 8 heures 30 minutes du soir. La matinée s'était passée dans le repos et la flânerie autour de Louèche-les-Bains. Nos jambes se ressentaient encore de la descente du Zagigrat opérée la veille; vous vous rappelez le récit émouvant qui vous en a été si habilement fait. Aussi ne vint-il à la pensée d'aucun de nous de réclamer contre l'arrivée de la voiture, que le père Dévouassoud, toujours avisé et plein d'attention pour ses voyageurs, avait fait atteler pour nous descendre à Susten. De là, le train se chargea de nous jusqu'à Gampel. Les Dévouassoud, père et fils, nous y avaient devancés et avaient fait préparer les chambres.

L'hôtel de Gampel est situé sur la rive droite de la Lonza, à l'entrée du Lötschenthal, dont il porte le nom. Il est assez pauvre et peu fréquenté : les rares touristes qui traversent la vallée de Lötsch ont, grâce au chemin de fer du Valais, la facilité de trouver, pour passer la nuit, un meilleur gîte et surtout une meilleure table. Cet hôtel ne mériterait donc pas que je vous y retienne plus longtemps, si mon rôle d'historien fidèle ne me faisait un devoir de vous narrer brièvement deux ou trois petits incidents, qui égayèrent pour nous le reste de la soirée.

Il était nuit close, quand nous fîmes notre entrée dans l'hôtel; elle faillit y occasionner une révolution. Le pays était infesté de cousins. Qui de vous, messieurs, un soir d'été, lorsque, après s'être mis au lit et avoir soufflé sa bougie, il se disposait à goûter un repos bien mérité, qui de vous, dis-je, n'a pas tressailli d'épouvante en entendant résonner soudain, au milieu des ténèbres, l'agaçant cri de guerre de ce petit vampire, si avide du sang humain? L'entendre rôder autour de sa tête, l'ouïr menaçant, se sentir à la merci de cet animalcule insaisissable, quel supplice!

Cette pensée exaspère surtout notre bon docteur. Il ne se possède plus : lui, si calme sur les pentes glissantes du Balmhorn, lui, si *sui compos* sur les rochers abrupts du Zagigrat, il est comme pris du vertige. Il se précipite, plutôt qu'il n'entre, dans l'hôtel, interpelle le premier être vivant qu'il rencontre, et lui crie : pas de lumière ! fermez les croisées, les portes ! éteignez cette bougie ! — L'hôtesse, qui nous attendait au port d'armes pour nous conduire dans nos chambres, ne comprend pas le français ; en face de l'animation du docteur, elle reste ahurie, presque effrayée ; je crus que la bougie lui échappait des mains. Elle se remet un peu cependant et finit par nous précéder à l'étage supérieur. Nous pénétrons les premiers dans les chambres qu'elle nous désigne et nous courons aux fenêtres. Quand toutes furent bien closes, le docteur respira plus à l'aise. Nous faisons signe à l'hôtesse d'apporter la bougie, que nous rallumons aussitôt. C'est alors seulement que la brave femme paraît tout à coup sortir d'un rêve ; comprenant enfin la raison de notre conduite, elle s'écrie : Moskito, mein herr ! — Ia, ia ! Moskito ! — Ce mot explique tout et les craintes réciproques disparaissent.

Nous descendons ensuite à la salle à manger. A la seule vue du couvert, le *patron* (1), qui a déjà beaucoup voyagé et qui a observé de près les us et coutumes de bien des peuples, pousse cette exclamation : « Pouah ! cuisine italienne ! » La première bouchée nous donne la conviction qu'il a deviné juste. Tout ce qui nous est servi aurait pu figurer avantageusement au dîner du bon Boileau :

> Aimez-vous la muscade ? On en a mis partout.

A défaut de muscade, le cuisinier a dosé largement la cannelle et le clou de girofle. Qui en fut mécontent ? Le *patron* d'abord, le docteur et moi ensuite. Bletterly seul ne manqua pas un coup de dent. Qui ça, Bletterly ? Un gros chien moitié Terre-Neuve, moitié Saint-Bernard ; grandes oreilles pendantes, face allongée, tête intelligente, yeux largement ouverts, regard vague, un peu rêveur, au demeurant doux et bienveillant ; mais quelle formidable mâchoire ! Quel retentissant coup de dent ! et quel coup

(1) M. Chiffiet se faisait appeler ainsi dans les caravanes scolaires qu'il a dirigées pendant plusieurs années de suite ; depuis, ce nom lui a été conservé par tous ses compagnons de route et par plusieurs de ses nombreux amis.

de patte aussi, lorsque le morceau qu'on faisait miroiter au-dessus de sa tête, ne s'abaissait pas assez promptement à la portée de son museau ! C'était plaisir de l'entendre happer chaque morceau, de le voir engloutir le civet, avaler l'omelette..... à l'insu, bien entendu, de l'hôtesse, qui s'ingéniait à nous bien régaler, et qui devait rire de notre bon appétit en revoyant tous ses plats vides.

A dix heures, on sonne la retraite ; chacun rentre dans son quartier et s'endort bientôt en rêvant qui aux moustiques, qui aux clous de girofle et qui à Bletterly.

Le lendemain, nous sommes réveillés à quatre heures par le bruit d'une pierre lancée contre nos volets. C'est le père Dévouassoud qui se promène au dehors depuis plus d'une heure, et qui attend que l'horloge communale lui donne le signal pour appeler *son monde*, comme il dit.

En descendant, nous trouvons Bletterly debout à la porte de la salle à manger. Il ne nous reconnaît pas, l'ingrat ! Nous lui trouvons l'air bourru, triste, souffrant, comme à quelqu'un qui a fort mal dormi. Nous mettons ce changement sur le compte des clous de girofle, et, sans nous en inquiéter davantage, nous prenons à la hâte un peu de café. Nous soldons ensuite nos frais de logement et la note du dîner de Bletterly, et nous quittons l'hôtel. Il est cinq heures précises.

Afin de ménager nos forces pour la journée du lendemain, qui sera longue et pénible, nous abandonnons nos sacs aux bons soins de Dévouassoud ; il les fait charger sur le dos d'un mulet retenu la veille. Nous laissons Clément veiller au chargement et nous prenons de suite le chemin de Ried.

Le Lötschental, Lötschthal ou simplement Lötschen, s'étend sur une distance de plus de trente kilomètres de Gampel au col de la Lötschenlücke. Il se divise en deux parties bien distinctes : la partie inférieure qui va du sud au nord, et la partie supérieure qui court en ligne droite du sud-ouest au nord-est et qui comprend les deux tiers de la longueur totale. La partie inférieure n'est qu'une gorge resserrée, au fond de laquelle bouillonne la Lonza, torrent tapageur et irrésistible, qui porte à la plaine de Gampel et au Rhône les débris de toute sorte dont es orages et les avalanches encombrent son cours.

Du côté de Gampel, la vallée s'ouvre étroite et sombre entre les flancs dénudés du Mallichhorn à droite, et les pentes escarpées du Meiggengrat à gauche. A cent mètres à peine de l'hôtel et à l'entrée de la gorge, nous apercevons les restes d'une assez grande construction : pans de murailles, débris de cheminée, conduits en fonte, vastes chaudières, derniers vestiges d'une industrie depuis longtemps éteinte. C'étaient de hauts fourneaux pour fondre la galène argentifère qui provenait du Rothenberg et dont nous retrouverons des traces plus haut.

Le chemin que nous suivons s'élève rapidement sur la rive gauche. Ses bords sont couverts de *Chenopodium botrys L.* La vue de cette plante fait pousser un cri de joie au naturaliste de la troupe. L'espèce est rare, les échantillons sont beaux ; notre homme ne résiste pas à la tentation. Le voilà aussitôt, affaire d'habitude, qui arrache, palpe, examine, fait admirer, donne à sentir, car la plante a une odeur aromatique fort agréable, qui arrache de nouveau. Il eût arraché bien longtemps encore, s'il avait eu les moyens de dessécher et d'emporter sa récolte. Ce fut bien à contre-cœur, croyez-le, qu'il se vit forcé de l'abandonner. Un seul petit exemplaire fut soigneusement fermé et pressé entre deux feuillets du Bœdeker ; encore ne devait-il pas y rester jusqu'au terme du voyage. Il fut perdu en route, moins heureux que le *Rhododendron hirsutum L.* du Schwarenbach, qui, dans le sac de notre botaniste, a escaladé les glaciers du Balmhorn, descendu le Zagigrat, passé le Pétersgrat, grimpé au Bergli, franchi le Mönchjoch et enfin..... pris l'express pour Lyon.

Notre chemin traverse bientôt des éboulis et s'engage plus loin dans un bois de pin, en décrivant de nombreux lacets. Nous abrégeons, en suivant un mauvais sentier, qui grimpe péniblement à travers de gros blocs dont la forêt est semée.

A 6 heures 10 min., nous arrivons à un premier élargissement de la vallée. C'est une espèce de petit cirque, au milieu duquel se trouvent trois ou quatre mauvaises huttes, pompeusement décorées sur les cartes et dans les guides du nom de chalets du Mitthal. Ils sont là comme pour attester l'impuissance de l'activité humaine, qui, dans ces régions sauvages et abruptes des

Alpes, a sans cesse à compter avec les forces insurmontables de la nature. Le cirque du Mitthal était primitivement plus vaste, plus fertile et peut-être aussi plus habité ; mais il a été peu à peu envahi et comblé par les alluvions d'un méchant petit torrent, qui tombe du Beichelhorn. Ce torrent n'a qu'un filet d'eau au moment où nous le traversons ; mais qu'il doit être terrible et impétueux au printemps, lorsque les neiges fondent, ou qu'un orage éclate sur les cimes avoisinantes ! Il intercepte alors toutes communications entre Gampel et la vallée supérieure. Aujourd'hui, ses eaux coulent entre deux hautes berges de terre, de gravier et de quartiers de roche ; vous croiriez traverser la moraine d'un ancien glacier.

La vallée se resserre de nouveau jusqu'à Goppinstein que nous atteignons à 7 heures moins quelques minutes. Là, sur un petit espace formé par un renfoncement du Rothenberg et dominé par les hautes parois du Stralhörner (3,182 mètres), se trouvent, groupées autour d'une chapelle, quelques masures et une espèce de baraque en planches ; au-dessus de l'entrée principale nous déchiffrons ces quatre mots : *Société minière de Göppinstein.*

La baraque était autrefois outillée pour le lavage de la galène que la Société faisait extraire d'une mine de Rothenberg, à quelque distance de là ; un chenal en planches y amenait l'eau de la Lonza, prise à deux cents mètres plus haut. Aujourd'hui il ne reste plus rien de l'activité qui donnait à ce petit coin alpestre la vie et le mouvement. La Société minière a fait de mauvaises affaires et tout est rentré dans le silence ; l'usine de Goppinstein est dans le même abandon et le même délabrement que les hauts fourneaux de Gampel. Les masures, qui servaient aux ouvriers, sont aussi abandonnées. La chapelle seule conserve un reste de vie, comme l'attestent deux vases de fleurs naturelles placés sur l'autel. Cette chapelle, au dire de Bœdeker, est souvent renversée par les avalanches ; mais les habitants des villages supérieurs la relèvent chaque fois. Quel intérêt prennent-ils à cette construction ? Ne serait-elle pas là comme le mémorandum d'un événement intime, lié à l'histoire de cette vallée ? peut-être de l'une de ces catastrophes épouvantables consignées de loin en loin dans les annales de la Suisse ?

Nous continuons à suivre le sentier qui devient moins rapide et borde le torrent. A quinze minutes de Göppinstein, la vallée incline un peu à droite, et nous voyons surgir devant nous une pyramide élancée qui domine toutes les montagnes voisines. Sa cime, couverte de neige, resplendit sous les rayons du soleil matinal. C'est l'Hockenhorn (3,297 mètres). Entre lui et le Balmhorn, s'ouvre à 2,681 mètres le Lötschen-Pass, que l'on traverse pour passer du Lötschenthal dans la vallée de la Kander. La position de cette pointe, en face de la vallée que nous suivons, produit un effet saisissant ; c'est une agréable diversion à la monotonie de la route.

Nous traversons, un peu plus loin, la Lonza sur un petit pont en bois, à un endroit où ce torrent s'est fouillé une gorge profonde dans les roches schisteuses. Nous voilà sur la rive droite que nous ne quitterons plus jusqu'à Ried.

Nous dépassons bientôt les chalets de Finstertellen et de Golschenried, disséminés, à notre gauche, au milieu des sapins et des hêtres qui couvrent les pentes du Resti-Rothorn. Enfin, après une montée assez raide, qui dure quinze minutes, nous atteignons le premier village un peu important depuis Gampel, Ferden.

A partir de ce point, l'aspect change entièrement : nous voyons s'étaler dans toute sa longueur la *partie supérieure* du Lötschenthal. La vallée s'élargit, l'horizon recule, le paysage se déroule et s'anime. La rive gauche de la Lonza reste toujours stérile et sauvage ; trop rapprochée du pied de la montagne, elle est ravagée par les torrents et les éboulis des avalanches. Mais la rive droite devient riante : elle s'élève en pentes douces couvertes de prairies que nous trouvons nouvellement fauchées et qui sont parsemées, sur les hauteurs surtout, de jolis bouquets de sapins. Dans le bas, quelques champs d'orge et de pommes de terre se chauffent au soleil. Çà et là des indigènes travaillent de petits coins de terre qu'ils préparent avec soin. Cette partie de la vallée est semée de chalets : les uns épars se dissimulent gentiment derrière des massifs d'arbres qui les abritent; les autres, réunis par groupes, forment de gracieux et pittoresques villages.

C'est d'abord Kippel, distant de Ferden d'environ 1,200 mètres, village propret avec de vieux chalets artistement ouvragés. Presque tous portent, au-dessus de leur entrée principale, le nom des familles qui les habitent. Ce nom est ordinairement accompagné de quelques mots allemands qui rappellent une sentence morale, plus souvent une maxime de l'Evangile. Les habitants du Lötschen possèdent à un haut degré cette foi ardente et pratique, précieux apanage des races qui vivent isolées, et sont en lutte continuelle avec une nature rude et sauvage.

Nous ne tardons pas à en avoir une preuve manifeste : en approchant de Wyler, nous voyons défiler devant nous une procession d'hommes et de femmes, qui revient nous ne savons d'où, et regagne l'église paroissiale. C'est la Saint-Barthélemy, toute la population de ce petit village est endimanchée.

Les processions, les fêtes religieuses et autres, ne sont pas rares dans le Lötschen. M. de Fellenberg, qui a séjourné souvent dans cette vallée, dit à ce sujet : « Les processions aux-
« quelles prennent part de nombreuses corporations, en cos-
« tumes très originaux, présentent au touriste un coup-d'œil
« des plus pittoresques, et l'ami des recherches historiques ou
« ethnographiques y trouve d'intéressants sujets d'observation.
« — Toutes les années », dit-il encore, « on donne alternative-
« ment, dans les divers villages de la vallée, des représentations
« théâtrales, où l'on exécute avec un goût vraiment artistique
« des pièces patriotiques ou des scènes de l'Ecriture sainte. »

En quittant Wyler, nous apercevons devant nous le clocher de Ried et au-dessous, plus rapprochée de la Lonza, une maison blanche, qui domine toutes les autres par son élévation et son air d'opulence : c'est l'hôtel Nesthorn ; c'est le terme de notre course d'aujourd'hui. Nous y arrivons à 9 heures 40 min.

Le propriétaire, qui nous a vus de loin, nous attend sur le seuil de sa porte ; il nous fait l'accueil le plus empressé. Le père Lehner doit souvent gémir de voir sa maison si peu fréquentée ; aussi l'arrivée de trois voyageurs, accompagnés de deux guides, est-elle pour lui une bonne fortune. Disons de suite que Lehner est un excellent homme, plein d'attention et de prévenance pour ses voyageurs qu'il sert lui-même à table et qu'il comble de bons soins, tout en restant dans les limites de la réserve et du savoir-vivre. C'est un plaisir et un devoir pour nous de reconnaître ici la bonne hospitalité de l'hôtel Nesthorn ; les chambres sont modestes, mais propres ; les prix très modérés.

Cet hôtel doit être recommandé d'ailleurs pour le panorama qu'on peut contempler de sa petite terrasse. En face de nous, de l'autre côté du torrent, se dresse, sur une longueur de plus de 15 kilomètres, une paroi de rochers abrupte, verticale, s'élançant comme d'un jet à une hauteur de 2,000 mètres au-dessus de la vallée. A sa base, se déploie une zone étroite, couverte de bouquets de sapins et de mélèzes, alternant avec des pâturages. A cette zone succède celle des éboulis; et plus haut se détachent les premières arêtes du rocher, séparées les unes des autres par d'étroits couloirs, où se précipitent et s'abîment de continuelles avalanches de pierres et de séracs, qui tombent des glaciers supérieurs. Une vingtaine de pointes ardues couronnent cette barrière naturelle.

La plus menaçante est le Bietschhorn 3,953 mètres; il s'élève, juste en face de l'hôtel, au centre du groupe, qu'il domine par sa hauteur et par sa masse imposante de granit. De chaque côté du géant, s'aligne une rangée de cimes moins hautes, mais d'un abord presque aussi difficile. Plusieurs sont reliées, l'une à l'autre, par des glaciers accumulés entre leurs parois abruptes, et dont la couche se révèle dans un plan vertical d'une effrayante épaisseur. Du côté du sud, ces cimes sont : le Schafhorn, 3,319 mètres ; le Schwarzhorn, 3,115 mètres ; le Hoh-Gleifen ou Adlerspitze, 3,300 mètres ; le Wylerhorn, 3,333 mètres et le Kastlerhorn, 3,250 mètres. Du côté du nord : le Klein-Bietschhorn, 3,320 mètres, séparé du colosse par une arête de glace qui domine le Nestgletscher ; l'Elwerück, 3,530 mètres, qui n'a pas encore été gravi ; le Lauinhorn, 3,640 mètres, le Breithorn de Lötschen, 3,715 mètres, qui, à l'instar du Gross-Bietschhorn, dresse sa haute paroi de granit comme une muraille infranchissable ; enfin le Schienhorn, 3,852 mètres, dont la base se perd dans le glacier de Lötsch.

Ce glacier domine toute la partie supérieure de la vallée; il se développe en ligne droite comme une immense bande argentée. Sa longueur est de sept à huit kilomètres, et sa largeur moyenne d'un kilomètre. Il s'élève en pente régulière, mais raide et fortement crevassée, jusqu'à la Lötschenlücke, grand col neigeux à 3,204 mètres d'altitude. A gauche du col, on aperçoit les premières assises de l'Ahnengrat 3,681 mètres; mais elles semblent, à cause de la distance, faire corps avec les arêtes du Jägihorn, 3,139 mètres, beaucoup plus rapproché de nous.

Dans une direction diamétralement opposée, du côté sud, s'élèvent les chaînons du Ferden-Rothorn, du Resti-grat et du Faldum-grat, séparés les uns des autres par le col du Ferden-Pass et du Resti-Pass, qui mettent le Lötschen en communication avec la vallée de la Dala et Louèche-les-Bains.

Du côté du couchant, on n'aperçoit de l'hôtel aucune cime neigeuse. Pour un ami du grandiose, ce sera peut-être une ombre au tableau. Mais qu'il se rassure et daigne bien nous suivre encore.

Il fait chaud, trop chaud même, à l'hôtel Nesthorn. Il est midi; nous avons toute la soirée à donner à la flânerie. Quittons donc l'hôtel et son aimable propriétaire, traversons la Lonza, et montons seulement de cinquante mètres sur la rive opposée, jusqu'à ce bouquet d'arbres, perdu au milieu des pâturages, et dont l'ombre nous promet un abri contre les ardeurs d'un soleil vraiment intolérable. Cet endroit nous offre un autre plaisir, celui de compléter notre tableau, en nous montrant ce côté que nous n'apercevions pas de l'hôtel, côté qui est à la fois riant, pittoresque et grandiose. De là nous embrassons d'un même regard les nombreux et riches chalets de Ried, disséminés, au milieu des berceaux de verdure, sur la colline qui domine notre hôtel ; plus loin, les hauteurs de la Lauchernalp et de Wyssenried, couronnées de sapins et de mélèzes ; enfin, à l'arrière-plan, une suite de sommets respectables, qui semblent émerger du milieu des arbres et dont la blancheur contraste avec les tons sombres des premiers plans. Voici l'Hockenhorn que nous reconnaissons pour l'avoir déjà vu ; puis, à sa suite, en remontant vers le nord, le Stühlihorn 2,705 mètres, le Tennbachhorn 3,019 mètres, le Tellispitze 2,960 mètres, et par la gorge du Telli, qui se laisse deviner entre ces deux dernières pointes, une partie de la croupe neigeuse du Petersgrat, dont la vue fait battre nos cœurs d'une douce émotion anticipée.

J'ai insisté à dessein sur le panorama de Ried; il mérite d'être connu à cause de la variété et de la splendeur des perspectives alpestres qu'il offre. Cependant les touristes français sont rares dans le Lötschen. Nous avons parcouru le livre des voyageurs de l'hôtel Nesthorn : sur cent vingt noms environ inscrits depuis l'été de 1878, nous avons relevé ceux de trois Parisiens, les MM. Puiseux, qui ont fait au mois d'août 1881, la traversée du Petersgrat, et ceux de deux membres de notre section, MM. Reymond et Lortet. Le touriste et le peintre avaient flairé là une nature encore vierge, et ils y étaient venus en 1882, l'un avec sa passion d'ascensionniste et l'autre avec son pinceau, si habile à reproduire les grands sites alpestres. C'est qu'en effet le Lötschen offre au touriste, aussi bien qu'au peintre, un vaste champ d'exploration. En est-il parmi vous, Messieurs, pour qui les Alpes du Dauphiné et de la Savoie n'offrent plus rien de nouveau ? Qu'ils aillent, ceux-là, à Ried ! ils trouveront là un terrain presque neuf à explorer. Ils n'auront que l'embarras du choix entre ces nombreux sommets qui se dressent à sept ou huit heures de marche au plus de l'hôtel Nesthorn, et dont plusieurs attendent encore la visite de l'homme. Lorsqu'ils seront las de grimper aux cimes, ils pourront, s'ils ne veulent pas revenir par le même chemin, choisir encore entre les différents passages qui mettent le Lötschenthal en communication avec les vallées voisines, et qui font de Ried le Zermath de cette partie de la Suisse.

Le Petersgrat est un de ces passages. Bœdeker, dans sa dernière édition, le décrit en ces quatre mots : « Difficile, mais très intéressant. » Pour un guide si vanté et si universellement consulté, la description est bien laconique. Difficile, mais très intéressant ! Voilà certes deux qualificatifs bien capables de rendre perplexe le touriste qui arrive là, sans avoir préparé son voyage. L'un refroidit son courage, l'autre enflamme sa curiosité ; le premier ne lui montre que crevasses et précipices, le second lui fait rêver le plus beau panorama ; celui-ci lui donne des ailes, celui-là lui paralyse les jambes ;le « très intéressant » lui crie : pars ! le « difficile » lui souffle tout bas : reste ! Quelle terrible indécision, et cela pour une malencontreuse antithèse ! les deux termes pourtant n'ont pas la même autorité : l'un est au positif, tandis que l'autre est au superlatif. Cette considération seule serait capable de trancher l indécision de notre touriste.

Pour nous, qui ne sommes pas venus jusqu'à Ried, sans avoir bien mûri notre itinéraire, la phrase de Bœdeker n'est pas faite pour nous arrêter ; ses deux termes, si disparates de sens et d'effets, s'associent fort bien pour nous, et ils excitent également notre curiosité. Son laconisme nous enflamme et nous attire vers ce passage « difficile *et* très intéressant. » Notre plan est tracé ; rien ne saurait nous y faire déroger. Rien ! — Cependant, le temps se gâte, les sommets environnants se couvrent de gros nuages menaçants ; vers trois heures, le tonnerre se fait entendre du côté même du Petersgrat. Un quart d'heure après, les premières gouttes viennent mettre fin à notre promenade sur la rive gauche de la Lonza. Nous regagnons précipitamment l'hôtel Nesthorn.

L'orage heureusement est plus menaçant que réel ; car, après une légère averse, le soleil reparaît et les derniers nuages chargés de pluie vont se perdre derrière le massif du Bietschhorn. Nous passons le reste de la soirée à échanger nos impressions et surtout à admirer le panorama.

Les Dévouassoud sont chargés de pourvoir aux provisions nécessaires pour la course du lendemain. Le père a, de plus, l'ordre de retenir un guide et un porteur : c'est une mission toujours difficile et surtout délicate dans un pays où les tarifs sont lettre morte. Mais nous sommes sans crainte, car nous savons bien que le papa Dévouassoud y apportera la prudence et le dévouement dont il nous a donné tant de preuves, à M. Chifflet et à moi, lors de nos caravanes scolaires.

Le *patron* spéculant, en sa qualité d'économe (1), sur la possibilité d'un *retour*, lui a conseillé de ne faire aucun engagement avant le soir. Dévouassoud a le respect de la consigne ; aussi écoute-t-il, mais sans les admettre encore, les offres de service que vient lui faire, dans l'après-midi, un des frères Siegen.

A 6 heures 30 minutes, deux voyageurs et deux guides arrivent du Petersgrat. Les voyageurs sont des Allemands ; les guides sont Christian Lauener et Ulrich von Allmen de Lauterbrunnen. Ces derniers sont littéralement harassés. Quant aux voyageurs, ils sont plus morts que vifs : leur face est cramoisie, les yeux semblent leur sortir de la tête, leurs pieds n'osent plus toucher le sol. Cette apparition était bien de nature à refroidir notre enthousiasme pour la course du lendemain, si nous n'avions bientôt appris que nos Allemands en étaient à leur premier essai de la montagne, et qu'ils venaient de poser, pour la première fois, le pied sur un glacier. Leurs chaussures, sorte de brodequins mieux faits pour le parquet ciré d'un salon que pour les rochers du Tschingeltritt ou les arêtes du Telli, le prouvaient surabondamment. Les guides avaient été obligés de les pousser pendant une moitié de la route et de les porter pendant l'autre moitié.

Christian Lauener doit suivre son voyageur qui se rend à Zermath ; mais Ulrich d'Allmen est libre. Il s'engage, malgré la fatigue qu'il ressent, à nous conduire demain à Lauterbrunnen par le Petersgrat. Voilà le guide ; reste à trouver le porteur. Siegen est toujours là qui attend : il est grand, gros et trapu ; il fera admirablement notre affaire. Le père Dévouassoud l'aborde donc et parlemente. Mais nous voyons bientôt Siegen s'animer, gesticuler, se précipiter dans l'hôtel, dire quelques paroles vives à Lehner, ressortir furieux et finalement regagner sa maison. Dévouassoud nous explique cette colère subite : il a été indigné qu'on ait osé lui proposer, à lui Pierre, Jean ou Joseph Siegen, le rôle de porteur.

Sur la parole de Lehner, qui s'engage à nous trouver quelqu'un, nous oublions bien vite la fureur de Siegen, et nous ren-

(1) M. Chifflet remplit depuis dix ans les fonctions d'économe à l'institution des Chartreux, à Lyon.

trons dans nos chambres pour goûter quelques heures de repos. Mais nous comptions sans nos deux Allemands, à qui le dîner a fait retrouver l'usage de la parole et que le champagne finit par mettre de la plus belle humeur; nous comptions encore sans quatre autres voyageurs qui arrivent successivement, deux de Lauterbrunnen par la Wetterlüke et le Telligletscher, le troisième de Kanderstœg par le Lötschen-Pass, le quatrième, un docteur de Berne, venant de Gampel et à destination du Bietschhorn. Pour ménager ses forces, il a remonté la vallée, comme nos sacs, à dos de mulet.

L'hôtel Nesthorn n'avait peut-être jamais tant vu de touristes réunis sous son toit, et peut-être aussi n'avait-il jamais entendu un pareil tapage. Nos trois chambres ont accès dans la salle à manger; un simple briquetage et une porte mal jointe nous en séparent. Nous sommes donc aux premières pour jouir du va-et-vient infernal qui se produit à l'arrivée de chaque voyageur, et pour entendre les propos animés et les éclats de voix de nos bons voisins qui fraternisent, trinquent et se racontent leurs prouesses du jour.

Au bout de deux heures, le silence se fait enfin dans l'hôtel et il nous est permis de dormir.

Le lendemain, 25 août, le père Dévouassoud nous réveille à 2 heures 30 minutes; il nous apprend que nous avons un porteur : c'est le jeune Joseph Rubin de Ried. Nos derniers préparatifs achevés, nous nous disposons à partir ; il est 3 heures 10 minutes. Rubin a déjà sur le dos le sac des provisions. La prudence est la mère de la sûreté, on l'a dit bien souvent; nous en avons une preuve manifeste au moment de quitter l'hôtel Nesthorn.

Comme nous sommes sur la limite du canton de Berne, où les tarifs des porteurs sont tout à fait arbitraires, le *patron*, pour éviter tout ennui d'une discussion ultérieure, veut savoir ce que Rubin réclamera pour sa course. Dévouassoud, comme toujours, est chargé de parlementer. — Trente francs, dit Rubin. — Mais c'est le prix d'un guide! le tableau des tarifs est là qui en fait foi. Nous avons demandé un porteur; nous donnerons vingt francs. — Rubin maintient son chiffre. —

Lehner essaye de lui faire entendre raison. Peine perdue : Rubin s'entête ; il nous semble en ce moment subir l'influence d'un mauvais génie. Le docteur intervient à son tour ; il est membre du Club alpin suisse, section du Mont Rose, et Ried est du ressort de cette section. Il rappelle notre jeune entêté au respect des règlements et le menace, s'il persiste à vouloir y contrevenir, d'écrire à M. de Torrenté, le président de la section. — Rubin s'intimide un peu et abaisse ses prétentions à vingt-cinq francs. — Vingt ! à prendre ou à laisser, dit enfin le *patron* qui perd patience, et il ajoute d'un ton qui n'admet pas de réplique : « Dévouassoud prenez son sac ; je porterai le mien ! » Aussitôt dit, aussitôt fait ; il a déjà passé les deux courroies du sac, quand Dévouassoud vient le lui reprendre en disant que Rubin accepte. « Comme il voudra ! » Ce dernier mot du *patron* fut l'épilogue de cette petite scène tragi-comique qui n'avait pas duré moins de dix minutes.

Il est 3 heures 20 minutes quand nous prenons congé du père Lehner. Au moment où nous quittons l'hôtel, nous apercevons la silhouette d'un personnage qui paraît avoir intérêt à rester dans l'ombre ; mais sa longue barbe a suffi pour nous le faire reconnaître : c'est le Siegen de la veille ; plus de doute, c'est lui qui montait la tête à Rubin.

Le sentier, dans lequel nous nous engageons à la suite d'Ulrich, monte rapidement au milieu des chalets de Ried ; il nous mène en vingt minutes à une forêt de mélèzes. Le ciel est sans nuages ; la lune, à son dernier quartier, éclaire suffisamment et nous permet d'éviter les plus grosses pierres dont notre route est semée. La traversée de la forêt nous prend vingt autres minutes ; aux mélèzes succèdent les pâturages du Tell dont nous atteignons les chalets à 4 heures 20 minutes. Nous sommes à 1,880 mètres ; nous avons monté de 360 mètres en une heure. Le jour commence à poindre ; peu à peu le paysage se dessine.

Le Tellithal s'ouvre devant nous. C'est un vallon étroit, profond, encaissé, rempli d'énormes blocs qui nous forcent, dans notre marche, à rompre sans cesse avec la ligne droite. Le fond s'élargit en un hémicycle formé par une paroi rocheuse verticale, et haute de 900 mètres. La pente en est tellement abrupte que nous nous demandons un instant où nous allons passer. Ulrich nous montre, à droite, une rampe qui nous semble perpendiculaire. Il arrive souvent, à la montagne, qu'un passage qui paraît infranchissable, vu de quelque distance, devient facile lorsqu'on l'aborde. Dire que la rampe indiquée par Ulrich était facile, serait peut-être vouloir nous exagérer notre mérite de grimpeurs ; mais entre *facile* et *infranchissable* il y a plus d'un degré ; libre à chacun de choisir celui qui traduira le mieux les efforts qu'il a dû faire et la fatigue qu'il a éprouvée.

A 4 heures 55 minutes, nous commençons l'escalade du Telligrat. Dévouassoud, qu'une longue habitude de la montagne a convaincu de la vérité du dicton : « Qui va piano, va sano », prend la tête de la caravane. Grâce au pas réglé que nous emboîtons après lui, nous franchissons en une heure trente-cinq minutes, et sans trop de peine, les 520 mètres qui nous séparent de la moraine extérieure du Telligletscher. Cette première partie de notre ascension ne saurait être mieux comparée, pour la forme et l'inclinaison, qu'au talus d'une immense tranchée de chemin de fer, hérissé de têtes de rochers qui font saillie, et qu'il faut franchir en nous aidant souvent des mains et des genoux.

Cet exercice était de nature à nous ouvrir l'appétit ; aussi l'avis unanime est-il qu'il faut nous restaurer un peu, avant d'attaquer la moraine et le glacier. La nature elle-même semble nous y inviter : une eau fraîche et limpide coule à deux pas de là. « *Vous n'en trouverez pas d'autre avant quatre ou cinq heures,* » nous dit Ulrich. — « Raison de plus pour manger là ! Clément, mets le couvert ! conclut le *patron*, que la montée a mis d'humeur plaisante. Le chronomètre du docteur marque 6 heures 15 minutes, et son baromètre Naudet donne l'altitude de 2,580 mètres.

A 6 heures 30 min., nous nous remettons en marche et abordons de suite la moraine. D'Allmen et Rubin sont en tête. La montée est très raide, mais le sol est ferme; ce qui nous permet d'avancer assez rapidement. Seules quelques pierres mal équilibrées se détachent sous nos pas; Rubin nous débarrasse des plus grosses ; d'un coup de pied il les envoie se perdre, après une série de bonds fantastiques, dans le Tellithal. Au cri de « attention ! » ceux qui le suivent se garent. Nous arrivons ainsi, sans autre encombre, au bord du névé ; il est 6 heures 55 min. ; nous sommes à 2,760 mètres. Nous avons mis vingt-cinq minutes pour monter les 180 mètres qui nous séparent de notre dernière halte.

L'inclinaison du névé est de 50° au moins ; la neige, durcie fortement par le froid de la nuit, ne se laisse pas entamer par la semelle de nos souliers ; force est donc de tailler des pas. Ulrich et Rubin se mettent aussitôt à l'œuvre. Nous emboîtons le pas à la file, en appuyant à droite sur nos piolets que nous enfonçons dans la neige. A gauche, il y a menace d'une glissade vertigineuse ; le moindre faux pas nous enverrait rejoindre les pierres de tout à l'heure. Ulrich, qui préfère, comme tous les guides de l'Oberland, le rocher au glacier, ne tarde pas à obliquer à droite et à gagner le pied du Tellispitze, dont la paroi surplombe au-dessus de nos têtes. Une fois là, il nous fait prendre par le rocher, partout où il offre une saillie abordable ; lorsque le rocher n'est pas accessible, il nous ramène sur le névé ; le plus souvent, il nous engage dans la faille qui s'ouvre entre celui-ci et la paroi rocheuse. Alors, c'est une série de sauts et d'enjambées qu'il nous faut exécuter sur les ponts de neige qui comblent cette étrange fissure, et sur lesquels nous ne nous hasardons qu'avec une extrême prudence ; car leur effondrement nous précipiterait sous la couche glacée à une profondeur et dans une direction qui rendraient le sauvetage très difficile. Heureusement les ponts sont solides. Au bout d'une demi-heure, la faille cesse, la paroi devient verticale et n'offre plus de point d'appui. Il faut reprendre le glacier et de nouveau tailler des pas. Clément passe à son tour devant ; grâce à son piolet plus large que celui des autres guides et surtout plus vigoureusement manié, nous atteignons, au bout d'un quart d'heure, le sommet du Telligletscher. Il est 7 heures 45 m. ; le baromètre indique pour l'altitude 2,960 mètres.

Jusque-là, nous avions cheminé à l'ombre du Tellispitze ; mais, en abordant le col, nous tombons en plein soleil ; ses rayons nous arrivent en face, réfléchis, décomposés en des milliers de petites paillettes miroitantes et insupportables pour les yeux. Nous nous hâtons de prendre masque et lunettes.

De ce point, la vue n'est pas très étendue. Toute notre attention se porte au nord sur le Tschingelhorn 3,580 mètres et le Breithorn de Lauterbrunnen 3,774 mètres, qui sont séparés de nous par deux petits glaciers sillonnés d'immenses bergschrunds, et, à l'ouest, sur la croupe étincelante de Petersgrat qui ne nous domine plus que de 240 mètres.

Après une halte de dix minutes, nous nous mettons à la corde et nous nous élançons à l'assaut du Petersgrat ; élançons ! n'est ici qu'une métaphore qui marque notre ardeur. La neige, ramollie par un soleil ardent qui la chauffe depuis plus de trois heures, cède sous nos pieds. Pendant une heure nous avançons péniblement sur une pente assez douce. Au dire des guides, les crevasses abondent dans cette partie du glacier ; mais, grâce à la grande épaisseur de neige qui les recouvre, nous ne nous en apercevons presque pas. A 8 heures 50 min., nous atteignons enfin le sommet du passage, à une altitude de 3,180 mètres.

Le Petersgrat forme une longue croupe légèrement ondulée, d'une hauteur moyenne de 3,200 mètres, se dirigeant en ligne droite du sud-ouest au nord-est. Il sépare le bassin de l'Aar de celui du Rhône, et le canton de Berne de celui du Valais. Il ne ressemble en rien aux chaînes qui l'entourent. Tandis que celles-ci se montrent avec leurs cimes déchirées, dentelées, ou découpées en forme de ruines ; avec leurs parois abruptes, où la glace n'a que peu de prise ; avec leurs flancs entaillés par de sombres ravins, au fond desquels s'entassent d'immenses éboulis ; la chaîne du Petersgrat présente une large surface arrondie en dos d'âne et recouverte d'une épaisse couche de glace et de neige, qui s'écoulent de chaque côté et alimentent d'autres glaciers. C'est ainsi que se forment, du côté du sud, les petits glaciers du Mühlebach, du Tennbach, du Telli, de l'Ausser et de l'Inner-Pfafflern, qui tous déversent leurs eaux et leurs avalanches dans les étroits vallons qui portent leur nom et débouchent dans la vallée de la Lonza. Du côté du nord, le glacier du Petersgrat s'écoule par le Kanderfirn, qui se termine, à l'ouest, par l'Alpetligletscher dont les eaux arrosent le Gasterenthal, et par le Tschingelfirn, à l'est, qui envoie les siennes former la Lütschine blanche.

La vue que l'on a du sommet du Petersgrat n'est pas très étendue : le Balmhorn, qui est le point visible le plus éloigné, n'est pas, je crois, à vol d'oiseau, à plus de dix kilomètres. Toutefois, la forme et la position de cette petite chaîne centrale donnent au panorama, qui s'offre à nous, un caractère de beauté et de grandeur qui défie toute comparaison.

Nous sommes là, au centre d'un immense névé, d'une superficie de 2,500 hectares au moins, le plus uni, le plus blanc, le plus immaculé qu'on puisse rêver. Tout autour, l'horizon est formé par une ceinture de cimes qui semblent, pour la plupart, émerger du sein de cet océan neigeux, et qui présentent à l'œil un aspect aussi varié que saisissant. Ce sont, au sud : l'Hockenhorn, le Sackhorn, 3,219 mètres, et le Birghorn, 3,214 mètres. Ces trois sommets ne s'élèvent guère au-dessus de la ligne horizontale du Petersgrat ; ils nous laissent apercevoir l'Altels et le Balmhorn. Ce dernier réveille en nous des souvenirs tout frais encore ; nous lui adressons un salut d'enthousiasme. — A l'est, se dresse le massif du Bietschhorn ; nous nommons toutes ses pointes depuis l'Aletschhorn jusqu'au Kastlerhorn. Comme pendant admirable à ce côté de notre tableau, la Blumlisalp développe, à l'ouest, sa haute muraille crénelée, longue de plus de dix kilomètres, depuis le Fisitock jusqu'au Gspaltenhorn. En avant de cette gigantesque falaise, le Mutthorn se détache, semblable à un îlot de rochers, au milieu de cette vaste mer blanche. Enfin, au nord, trois sommets ferment l'horizon : le Wetterhorn, le Tschingelhorn et le Breithorn. Le Tschingelhorn est le plus près de nous ; son arête méridionale s'avance vers nous en plongeant dans le névé comme un immense éperon.

Entre le Tschingelhorn et le Breithorn, s'ouvre à une altitude de 3,149 mètres, la Wetterlücke. Ce passage a été connu bien longtemps avant celui du Petersgrat. Plusieurs auteurs, qui ont écrit sur cette partie de la Suisse, prétendent, d'après certaines traditions, que la communication entre les deux vallées de Lötschen et de Lauterbrunnen, remonte à une époque très ancienne. On dit même que les habitants des bords de la Lütschine sont, pour le plus grand nombre, originaires des rives de la Lonza.

Quoi qu'il en soit, M. Gottlieb Studer, dans un ouvrage intitulé : *Les plus hautes montagnes de la Suisse*, raconte ce qui suit : « En 1783, le 12 juillet, quatre compagnons, ouvriers aux « mines de Traschsellauinen, remontèrent le Breithorngletscher « et traversèrent la Wetterlück, entre le Tschingelhorn et le « Breithorn, pour se rendre à la messe à Kippel, et rentrer le « lendemain à leur poste. » — « Après cette traversée », ajoute le même auteur, « le passage de Lauterbrunnen, dans le Lötsch- « thal fut délaissé. C'est le professeur Hugi de Soleure, qui, en « 1829, l'ouvrit de nouveau aux touristes entreprenants, par le « hardi et rapide trajet qu'il affectua de Lauterbrunnen à Kippel, « en tournant le Tschingelhorn à l'ouest. Depuis, ce passage a « été fréquemment entrepris, à cause de la vue incomparable- « ment belle qu'il offre ; tandis que la Wetterlüke a été presque « abandonnée, par suite de la difficulté d'aborder le Breithorn- « gletscher. »

Le trajet, effectué en 1829, par le professeur Hugi, à l'ouest du Tschingelhorn, n'est autre que celui que nous faisons nous-mêmes aujourd'hui.

Il y a quarante minutes que nous sommes au sommet du Petersgrat ; il est temps de partir. D'ailleurs, il fait très chaud ; de gros nuages aux teintes fauves s'élèvent du Lötschtal et gagnent rapidement les pics les plus élevés ; un orage est à craindre pour la soirée.

Nous nous mettons à la corde à 9 heures 30 minutes, et nous commençons la descente vers le Mutthorn. La pente, d'abord insensible, s'accentue bientôt ; elle devient même rapide à l'endroit où le glacier du Petersgrat se précipite sur celui du Tschingel. Les années où la neige est peu abondante, cette partie est difficile à franchir ; car, outre la nécessité de tailler des pas, les touristes ont à compter avec les nombreuses crevasses qui sillonnent ce glacier. C'est pour cette raison, sans doute, que le passage du Tschingelfirn au Petersgrat se fait ordinairement au sud du Mutthorn. D'ailleurs, cet itinéraire est celui indiqué par Bœdeker, suivi par M. de Fellenberg, et adopté généralement par les guides. Cependant, cette année-ci, vu peut-être l'épaisseur de la neige, le plus grand nombre des traversées se sont faites entre le Wetterhorn et le Mutthorn, c'est-à-dire au nord de ce dernier.

C'est aussi par là que nos guides nous font descendre. A part deux longues bergschrunds, que nous pouvons franchir sur des ponts de neige, nous ne nous doutons même pas que le sol où nous marchons soit crevassé. Le père Dévouassoud nous recommande pourtant de bien garder les distances; il n'a qu'une demi-confiance au névé dans lequel nous enfonçons profondément.

A ce moment, nous rencontrons un voyageur et deux guides, qui se rendent à Ried. On a dit souvent que la vue des malheurs d'autrui nous console des nôtres ; c'est pour cela, sans nul doute, que nous sommes presque tentés de rire en les voyant enfoncer, à chaque pas, jusqu'au genou. Nous nous adressons au passage le salut et les souhaits d'usage.

Nous arrivons au glacier du Tschingel à 10 heures 45 minutes. Nous sommes au pied du Mutthorn, 3,041 mètres, espèce de dieu-terme qui sert de démarcation aux deux glaciers, et qui semble être là pour protéger le col du Tschingel.

De ce point, la vue est grandiose ; dix minutes sont accordées au photographe pour lui permettre de nous conserver le souvenir du Petersgrat, que de gros nuages paraissent vouloir prendre d'assaut, et celui des géants de l'Oberland qui se dressent devant nous.

En quarante-cinq minutes, nous traversons le Tschingelfirn, semé de quelques crevasses peu dangereuses, et, à 11 heures 40 minutes, nous atteignons la moraine. Nous quittons la corde. Une eau terreuse coule là, sur des pierres noirâtres, au bord de la glace. A cette vue, une discussion s'engage : Vaut-il mieux prendre des forces ici, ou franchir la moraine? Les uns, dont l'estomac crie famine, veulent manger de suite ; les autres plaident pour une eau plus potable. Je fais alors appel à mes souvenirs. Le 13 août 1881, j'avais traversé le Tschingel-Pass avec une petite caravane scolaire que je conduisais à Kandersteg. Le père

Dévouassoud nous servait de guide. Je lui rappelle donc que, deux ans auparavant, nous avions déjeuné comme des princes, un peu plus loin, dans un endroit plus commode, auprès d'une eau claire et délicieuse. Ulrich et Rubin confirment mes souvenirs. Puissant effet du mirage! aussitôt la discussion cesse; l'avis général est qu'il faut franchir la moraine et pousser en avant. En route donc pour la terre promise!

A 12 heures 20 minutes, nous arrivons au haut de la paroi de rochers qui forme le Tschingeltritti. Là est le lieu de la halte tant désirée. Des débris de bouteilles, des restes de toute sorte attestent assez que c'est ici un lieu de repos pour les touristes. L'endroit, il faut l'avouer, s'y prête bien. De grosses pierres plates invitent à s'asseoir; l'eau, qui coule sur la roche vive, est claire et tentante; des fleurs alpines se montrent çà et là et reposent les yeux fatigués de l'éclat de la neige. Voilà pour le pittoresque; quant au grandiose, il apparaît partout : dans cette vallée de Lauterbrunnen, où le regard plonge au loin et devine des profondeurs effrayantes; dans ces glaciers et ces cascades du Breithorn, du Schmadri et du Roththal, dont la blancheur fait un agréable contraste avec les tons sombres ou fauves des masses rocheuses qui les encadrent; enfin, dans ces sommets aux arêtes vives et qui se nomment le Breithorn, le Gross-horn 3,763 mètres, le Mittaghorn 3,887 mètres, l'Ebnefluh 3,750 mètres, le Gletscherhorn 3,982 mètres, et la Yungfrau 4,167 mètres.

Cette rapide ébauche du panorama, que nous avons sous les yeux, suffit pour faire comprendre le plaisir dont nous jouissons pendant plus d'une heure que dure notre halte. A peine assis, les guides s'occupent de préparer le dîner. L'installation est tout à fait primitive, le menu très peu varié; mais l'appétit est grand, l'entente admirable, la gaieté générale; la salle surtout est spacieuse et merveilleusement décorée. Que faut-il de plus pour qu'on emporte de ces repas alpestres et du repos qui les suit un souvenir qui ne s'effacera jamais?

Pendant ce temps, les nuages, que nous avons vus tout à l'heure sur le Petersgrat, ont envahi le ciel du côté du sud; leur aspect n'est pas rassurant; partons.

Il est 1 heure 30 minutes; nous abordons de suite le Tschingeltritt; c'est réellement le plus mauvais pas de la journée. Il s'agit d'une paroi de rochers presque verticale et haute de cinq mètres. Les saillies de la roche, où la main et le pied peuvent se poser, en rendent l'ascension assez facile. La descente offre plus de difficulté, parce que le voyageur, obligé de descendre à reculons, ne voit pas assez à se guider ; son pied ne se pose qu'en tremblant sur le point d'appui qu'on lui indique. A mon avis, ce qui rend cette descente pénible et même dangereuse, ce n'est pas l'inclinaison ou la hauteur de la paroi, mais c'est la vue d'un couloir effrayant qui s'ouvre au-dessous, à un mètre à peine du pied de la muraille, et au fond duquel on irait s'abîmer sous d'énormes éboulis, si l'on tombait.

Cette perspective ne paraît pas trop nous effrayer ; car, d'un commun accord, nous repoussons l'emploi de la corde que propose Rubin, et nous commençons la descende. Ulrich passe le premier ; il se place au bas du rocher tout prêt à recevoir dans ses bras celui de nous qu'un faux mouvement pourrait précipiter. Heureusement le faux mouvement n'a pas lieu. Guidés par les conseils du brave Dévouassoud, dont la prudence et le dévouement se manifestent surtout à ces moments périlleux, nous arrivons sains et saufs au pied de la paroi. En huit minutes, tout le monde est en bas.

C'est un fait bien connu en physiologie que, après avoir mangé, alors que la digestion commence, la tête s'alourdit, la vue est moins sûre, les mouvements moins libres, que le repos, en outre, après une longue marche, engourdit les membres, raidit les muscles. Je conseillerai donc aux touristes sujets au vertige, qui veulent descendre le Tschingeltritt, de ne pas s'arrêter et de ne pas manger immédiatement au-dessus, comme nous l'avons fait.

Ce passage franchi, nous suivons une trace de pas qui nous mène en dix minutes, à travers la moraine et les éboulis, jusqu'au glacier inférieur du Tschingel. Nous ne nous y engageons qu'avec une extrême lenteur, en taillant des pas de loin en loin. La glace est fondante, sa surface très lisse, mais recouverte de boue et de débris. Le moindre faux pas pourrait avoir des suites diversement fâcheuses.

Après le glacier, voici la Lütschine blanche, dont les eaux, fortement grossies à cette heure de la journée, nous barrent le passage. Ce torrent n'est là qu'à sa naissance, et pourtant il fait un tapage assourdissant au milieu des quartiers de roche qui le gênent dans son cours impétueux. C'est grâce à ces blocs que nous pouvons le franchir. Nous cheminons maintenant sur la rive droite de la Lütschine ; un quart d'heure après, nous traversons de nouveau le torrent sur un pont de neige, et nous entrons presque aussitôt dans l'alpe supérieure du Steinberg, dont nous atteignons le petit chalet-restaurant à 2 heures 40 min.

Ce chalet renferme cinq lits pour les touristes ; c'est là que nous avions couché deux ans auparavant. Ce n'était pas sans éprouver quelque émotion que je le revoyais ; car, il me rappelait la délicieuse soirée que j'y avais passée avec mes jeunes compagnons de route. Leur enthousiasme, en face du panorama qui se déroulait devant nous, était doublé par la joie dont les grisait la pensée de traverser, le lendemain, un beau glacier et surtout de se voir, pour la première fois, attachés à la corde.

De ce point, la vue est grandiose ; elle embrasse les montagnes et les glaciers qui entourent la vallée supérieure de Lauterbrunnen. Celle-ci s'ouvre à nos pieds à plus de mille mètres de profondeur ; le bruit des cascades du Roththal et du Schmadri la remplit et nous arrive très distictement. Le côté saisissant du tableau est la Yungfrau. Vue du Steinberg, elle présente une paroi vertigineuse, inaccessible à toute escalade. Sa cime, visible encore au-dessus des nuages qui s'amoncellent sur la vallée, et qui nous cachent déjà plusieurs des sommets avoisinants, semble nous porter le défi de pouvoir jamais y poser nos pieds. On vous dira plus tard ce qu'il faut penser de semblables défis (1).

Nous sommes arrachés à la contemplation de ce panorama par le bruit du tonnerre qui retentit dans la direction du Tschingel-Pass. L'orage devient imminent. Nous rechargeons nos sacs et prenons en toute hâte le chemin de Lauterbrunnen; il est 3 heures 15 minutes. Au lieu de descendre l'Ammerten-

(1) A la réunion suivante de la Section Lyonnaise, M. Chifflet devait faire le récit de son ascension à la Jungfrau.

Alp et de gagner de suite le fond de la vallée par Traschsel-lauinen, Ulrich nous fait prendre un sentier plus court et moins rapide ; il suit les pâturages et le haut de la forêt et nous mène, en une heure vingt-cinq minutes, en ligne directe, à l'entrée du Sefinenthal. Une première averse nous fait hâter le pas, et nous empêche d'aller contempler la cascade de la Sefinen-Lütschine qui mugit à peu de distance de là. Cinq minutes après, nous traversons la Lütschine-Weisse sur le pont de Stachelberg. Nous sommes, cette fois, sur une bonne route carrossable ; en une heure trente minutes, nous devons franchir les huit kilomètres qui nous séparent de Lauterbrunnen. Malheureusement l'orage éclate bientôt avec une violence qui nous oblige à chercher un abri sous l'auvent d'un chalet et nous y retient pendant plus d'une demi-heure.

L'orage s'est déchaîné sur le plateau de Murren ; aussi tous les torrents qui en descendent sont-ils considérablement grossis. Nous pouvons jouir du spectacle de plusieurs belles cascades; le Murrenbach, le Sandbach et le Spiessbach font rage. Le fameux Staubbach, d'ordinaire si calme, si aérien, et surtout si décevant pour le plus grand nombre des étrangers qui viennent le voir avec des espérances fortement exagérées, est effrayant. Ses flots d'écume noirâtre bondissent violemment dans l'espace, entraînant avec eux de nombreux débris. Au moment où nous passons devant elle, la cascade est une véritable cataracte.

Il est 6 heures 17 minutes, quand nous arrivons devant l'hôtel de Staubbach. Nous avions mis, depuis Ried, y compris les haltes, quinze heures trois minutes. Le temps de la marche effective avait été de onze heures trente minutes environ, dont cinq heures sur le glacier.

En résumé, la traversée du Petersgrat est une course *très intéressante* ; nous sommes d'accord avec Bœdeker sur cette épithète ; mais il nous paraît exagéré, lorsqu'il l'appelle *difficile* ; il serait plus vrai de la dire *pénible*, parce qu'elle est longue. Un bon marcheur, peut en quinze heures aller du chalet du Steinberg à Gampel ou même à Tourtemagne. Le Petersgrat est donc, pour les touristes, la route la plus courte pour passer de l'Oberland dans le Valais et pour atteindre le chemin de fer de la vallée du Rhône.

En finissant, je recommande cette traversée aux membres de la section lyonnaise qui aiment les grandes courses de glaciers peu périlleuses : de Lauterbrunnen à Ried, il n'y a à peu près pas à compter avec le vertige ; et en la leur conseillant, je leur souhaite deux choses : d'abord, qu'ils aient, comme nous, de bons guides, ce qui aplanit bien des difficultés. Je n'ai pas ici à faire l'éloge du père Dévouassoud et de son fils Clément, leur nom est bien connu à Chamonix. Quant à Ulrich Von Allmen et Joseh Rubin, ils ont l'expérience et toutes les qualités qu'on peut désirer d'un guide dans les grandes courses de montagne. Disons de plus que Rubin a fait preuve de bon caractère ; il n'a pas gardé rancune, après la petite scène qui avait eu lieu au moment de notre départ de Ried ; il s'est montré gai, complaisant et empressé dès que nous avons eu atteint les chalets du Telli.

En second lieu, je leur souhaite de pouvoir trouver, comme moi, l'oubli de leurs fatigues, dans la société d'excellents compagnons de route. Comme on marche plus vaillant et plus alerte ! Comme on goûte mieux le bonheur d'admirer les grands spectacles de la nature, quand on sent vibrer, à l'unisson de son cœur, les cœurs de ceux dont une course de quelques jours suffirait à faire de vieux amis, tant on a eu d'occasions d'estimer et d'aimer leur caractère !

Abbé A. CARRET.
membre du C. A. F.
section de Lyon.

Lu à la séance du 8 janvier 1884.

ASCENSION DE LA JUNGFRAU

(4,167 mètres)

(28 Août 1883).

Il y a deux ans, en compagnie d'un de mes anciens élèves et collègue du club, M. Philippe Verzier, je quittais l'Eggischorn, avec le désir d'arriver au sommet de la Jungfrau, projet déjà bien ancien, et que diverses causes ne m'avaient pas permis de réaliser. Nous avions remonté bien gaiement et sans encombre une grande partie du glacier d'Aletsch, jusqu'au refuge de la Concordia. Là, le mauvais temps nous avait retenus pendant quarante-huit heures sans espoir d'un beau jour. Force nous fut de partir, non sans faire le poing à cette cime altière qui ne voulait pas se laisser aborder. C'est par prudence que nous avions renoncé à notre projet : et, pour ne pas revenir piteusement sur nos pas, je dis à mon vieux Devouassoud, le fidèle compagnon de toutes mes courses sur les glaciers, de nous conduire au Grimsel par les glaciers de l'Ober et de l'Unter-Aar. Notre prudence faillit nous coûter cher. A peine avions-nous traversé le Grünhornlüke, que le mauvais temps recommença. Rien ne nous fut ménagé : pluie, grêle, éclairs, tonnerre, bourrasque : l'orage était complet, et nous nous trouvions au milieu des crevasses, obligés d'avancer sans pouvoir aborder cependant le rocher à cause de la foudre qui nous y menaçait. Cependant, grâce à l'habileté et à la grande expérience de Devouassoud, après douze heures de marche, dont huit avec le mauvais temps, nous arrivions saucés, trempés mais sains et saufs à l'hospice du Grimsel. Il y avait bien là de quoi guérir de la maladie des glaciers et des montagnes, si cette maladie n'était pas incurable.

Cette année, l'occasion s'étant présentée aussi favorable et surtout aussi agréable que possible, en compagnie de M. le docteur Bianchi et de M. l'abbé Carret, je l'ai saisie avec empressement. Après l'ascension du Balmhorn et la traversée du Petersgratt, faites, pour ainsi dire, comme pour nous entraîner, il ne nous restait plus qu'à monter à la Jungfrau.

Le 26 août, au soir, nous arrivions à Grindelwald. A peine sommes-nous installés à l'hôtel, que les guides, avertis de notre intention de faire le lendemain l'ascension de la Jungfrau, viennent, en grand nombre, nous offrir leurs services. Nous demandons Melchior Anderegg, l'un des premiers guides de l'Oberland. Il est absent et ne doit rentrer que le surlendemain. Nous ne pouvons attendre, et choisissons pour guide son frère Peter Anderegg qui a fait l'ascension quelques jours auparavant, et pour porteur Andréas Anderegg, jeune homme de vingt ans, fils de Melchior.

Devouassoud fait préparer les provisions et visite les cordes de Peter pour s'assurer qu'elles sont en bon état. Nous demandons une échelle à cause de la grande rimaye : Peter la déclare inutile pour cette année.

Sur le conseil de l'hôtelier, nous partons le lendemain à 9 heures et demie seulement. C'est trop tard ; nous l'avons appris à nos dépens. Nous aurions dû nous mettre en route trois ou quatre heures plus tôt. Règle générale : en montagne, il faut partir de bonne heure, pour peu qu'on ait six à huit heures de marche à faire. On ne prévoit pas les difficultés qui peuvent surgir en route. Mieux vaut un long repos à l'arrivée que le départ tardif.

Nous suivons, en quittant le village, le chemin de la grande Scheidegg. En face de l'église, nous prenons un petit sentier conduisant plus directement au bord du torrent que nous traversons, pour remonter, sur la gauche, les rochers au bord du glacier inférieur de Grindelwald. Ce n'est plus le beau glacier tant visité, que nous admirions, il y a vingt ans, et la splendide grotte avec ses stalactites multicolores, et cette paroi de glace, recevant et décomposant la lumière du soleil comme à travers un prisme gigantesque. Il a subi le retrait général des glaciers comme la mer de glace de Chamonix, le glacier des Bossons, de Rosenlaui et tant d'autres. On rencontre cependant quelques visiteurs. Les gens du pays ont cherché un autre motif d'attraction. Ils ont bien encore une petite grotte, mais on la visite peu. On va plutôt entendre les échos qui se répercutent sur les flancs des rochers entre lesquels descend le glacier, échos produits, comme à la petite Scheidegg, par la détonation d'un canon placé sur le bord du glacier. En montant, nous entendons plusieurs de ces échos qui viennent rompre un peu la monotonie de notre marche.

A 10 heures et demie, nous arrivons au chalet de la Bäregg (1,649 mètres). Ce chalet est placé contre le rocher, à une soixantaine de mètres au-dessus du glacier. Il est assez confortable, a une chambre à trois lits, mais peut contenir un plus grand nombre de voyageurs. C'est un point de départ pour plusieurs ascensions, telles que le Gross Schreckhorn (4,049 mètres), le Streckorn (4,080 mètres), le Lauteraarhorn ou Desorhorn (4,043 mètres); cette dernière dénomination, du nom de M. Desor qui, avec M. Agassis et plus tard M. Dolfus, ont les premiers visité ces cimes. L'excursion la plus commune est celle de la Strahlegg, qui conduit de Grindelwald à l'hospice du Grimsel, à travers les glaciers de l'Aar.

Aux premières ascensions de la Jungfrau, de ce côté-ci, on couchait au chalet de la Bäregg, le seul existant; puis, on a cherché un abri au sommet du Kalli, près de l'Eiger, dans une anfractuosité de rocher, appelée Eiger hohle, où l'on était assez mal. Depuis, le Club alpin suisse a fait construire et reconstruire la cabane du Bergli, appelée tantôt Mönch hütt, tantôt Club hütt, et où nous devons aller coucher le soir.

Notre halte à la Bäregg est d'une heure. A 11 heures 30 minutes, nous descendons une centaine d'échelons pour arriver sur la mer de glace, simples éboulis à l'endroit où nous la traversons avec quelques crevasses que nous sautons et nous arrivons par un névé au pied du Kalli, énorme rocher, en grande partie couvert d'alpes et qui sert de contrefort à l'Eiger (3,975). La pente est raide, nous la remontons assez lentement. A moitié du sommet, nos guides nous font faire une nouvelle halte pour nous rafraîchir à une source que nous rencontrons sur notre passage. C'est la dernière eau pure que l'on trouve: ce sera peut-être la dernière que nous aurons bue pendant ces deux jours. Aussi, tous les guides ont-ils la précaution de conserver sous une roche, quelques bouteilles vides, afin de puiser à la source et désaltérer ainsi leurs voyageurs. Après une demi-heure de halte (temps réglementaire) nous repartons, montant toujours et cherchant sur notre droite, dans les rochers, les moutons dont les bêlements ont appelé notre attention, lorsque des jodels partis du fond du glacier de Viescher, nous avertissent que nous ne sommes pas seuls dans ces passages. A 800 mètres au-dessous de nous, des voyageurs descendus du Gross Schreckhorn, se dirigent vers le chalet de la Bäregg.

Ce sont leurs guides qui nous ont hélés et les nôtres leur répondent. Ces cris ne sont pas de simples fantaisies comme nous le croyons d'abord; c'est un avertissement qu'ils nous envoient. Ils vont passer au pied des rochers et des séracs que nous longeons au-dessus d'eux, et ils nous prient de surveiller notre marche pour ne pas faire gliser quelque pierre ou quelque glaçon qui pourrait déterminer une avalanche et amener un malheur. Aussi, sur l'avis de nos guides, quand nous arrivons au passage dangereux, prenons-nous toutes les précautions possibles.

Avant d'atteindre le sommet du rocher et à l'entrée du glacier, la pente est tellement raide qu'on a placé une forte échelle, d'une longueur d'environ dix à douze mètres pour l'escalader. C'est bien peine inutile (pour cette année du moins), car, en contournant le rocher, on arrive, sans beaucoup de difficultés, au sommet, avec un peu d'exercice acrobatique.

Il est 3 heures. Avant de nous engager sur le glacier, nous faisons une troisième halte pour manger. L'endroit est bien choisi. Nous avons en face de nous, les immenses séracs et les couloirs du Vieschergletscher, à gauche, le Grossviescherhorn; à côté de Grossgrünhorn, à notre droite, le Mönch et un peu en arrière, l'Eiger. Pendant les préparatifs du dîner, je dresse mon instrument de photographie pour emporter le souvenir d'une partie de ce paysage. Au milieu de notre modeste repas, quelques éclairs et un grondement de tonnerre nous avertissent que nous avons tort de nous attarder. Déjà nous voyons de gros nuages noirs monter de la vallée. « Hâtons-nous, dit Peter, nous allons être surpris par l'orage. » Aussitôt, nous nous mettons à la corde et nous nous engageons sur la partie supérieure des glaciers de Kalli et de Viescher qui forment une grande plaine au pied de l'Eiger. Nous sommes à 2,938 mètres. Au bout d'un quart d'heure de marche, l'orage nous atteint, mais nous en sommes quittes pour un peu de grêle et de grésil, que nous recevons pendant environ vingt minutes à l'abri de notre plaid. Puis, le soleil s'éclaircit et nous laisse voir à plus de quatre cents mètres au-dessus de nous, la cabane du Bergli dont la cheminée en tôle se dessine sur le ciel. Pendant que la caravane pousse un hourrah de plaisir, je braque mon instrument de photographie sur le chalet désiré. « En une heure, nous y sommes, crie Peter. » Oui, une heure de paysan, dis-je tout bas ; la pente est parfois très raide, ce ne sera pas, à coup sûr, la ligne droite qui nous y conduira ».

En effet, des séracs que nous avons devant nous, nous obligent déjà à obliquer à droite du côté de l'Eiger; où nous voyons se précipiter plusieurs cascades d'avalanches formées par l'orage qui vient de passer. La neige est molle, la marche devient lente. Chacun suit, sans mot dire, quand tout à coup, nous nous trouvons en face d'une énorme bergschrund que traverse un petit pont de neige. Peter hésite à nous engager tous sur un appui aussi peu sûr. Il nous propose de partager la caravane en deux parties, pour soulager le tablier de ce pont si fragile. La chose était facile, parce que nous avions trois longues cordes. La première caravane est composée de Peter

Anderegg, de M. Carret, de Devouassoud père et du docteur ; dans la deuxième, Devouassoud est en tête, puis moi et les deux autres porteurs. Nous passons sans encombre, seul le dernier, le porteur de bois, enfonce un peu, mais sans rompre complètement le pont. Par moments nous longeons la crevasse et à côté la pente est tellement raide que nous sommes obligés de nous serrer contre le glacier et d'enfoncer les mains dans le névé pour nous tenir en équilibre. Nous grimpions ainsi depuis deux heures, quand nous faisons la rencontre de deux Allemands avec leurs guides. Ils viennent, nous disent-ils, de la Jungfrau et ne sont pas restés à la cabane parce qu'il y a déjà du monde. Les malheureux n'ont pas eu la précaution de se munir du masque et des lunettes, aussi leur visage est horriblement boursouflé et leurs yeux sont injectés de sang. Ils nous avertissent que nous trouverons deux ou trois passages dangereux ; et ils nous engagent surtout à prendre garde aux avalanches. Nous les remercions et continuons notre route. Plus loin, en effet, voici une autre bergschrund qui arrête notre marche. A l'endroit le plus redoutable nous nous demandons si nous ne serons pas obligés de faire le pont de la corde. Cependant nous parvenons à franchir ce mauvais pas, au delà duquel nous retrouvons les traces de nos Allemands.

Il y avait trois heures que nous montions, ayant le Bergli, tantôt devant, tantôt derrière nous, quand nous arrivons à un plateau moins incliné qui semble devoir nous offrir un peu plus de facilité, grâce aux traces que nous suivions religieusement, lorsque tout à coup ces traces disparaissent couvertes par un amas de neige et de glace. C'est une avalanche qui, depuis le passage des voyageurs, s'est détachée des séracs que nous avons à notre gauche. Dévouassoud nous recommande de garder le plus profond silence et surtout de hâter le plus possible notre marche : chose difficile, car nous enfoncions parfois jusqu'à mi-corps.

Il semble que ces mauvais moments devaient nous rendre sombres et soucieux et nous faire maugréer contre notre folle entreprise. C'est une erreur ; pour ma part, je riais de bon cœur, en voyant certaines petites jambes, supportant un buste bien arrondi, s'enfoncer dans la neige, se retirer, s'enfoncer encore avec un entrain absolument digne d'éloges.

Enfin, nous abordons le rocher. La cabane est là ; à trente mètres au-dessus de nous. Nous respirons un instant ; nous croyant au bout de nos peines, puis, nous commençons à escalader, lorsque nous nous trouvons en face d'une crevasse de rochers de plusieurs mètres de hauteur ; et pour la franchir, trois morceaux de bois placés en forme d'échelons et distants les uns des autres de plus de deux mètres. Le guide montre la route à suivre ; mais M. Carret tend les bras sans pouvoir, malgré ses efforts, atteindre l'échelon. Poussé par l'un, tiré par l'autre, il finit par se hisser au sommet. Pour moi à ce rétablissement gymnastique, j'ai reconnu que j'étais bien loin de mes vingt ans. Mais l'ascension a été beaucoup plus facile pour notre docteur ; il a été pour ce genre d'exercice mieux servi que nous par dame nature.

Il est huit heures, et la nuit est venue quand nous entrons dans la cabane. Nous sommes à 3,300 mètres d'altitude d'après le baromètre du docteur. C'est l'altitude vraie. La carte Dufour au cinquante millièmes, marque la cabane à 2,970 mètres. Ce doit être l'ancienne cabane. La nouvelle a dû être construite certainement beaucoup plus haut, parce que, d'après la photographie que j'ai faite, l'emplacement de la cabane, indiquée par Dufour, était, cette année-ci, complètement recouvert par la neige ; et c'est probablement à cause de cet inconvénient qui a dû se reproduire d'autres fois qu'on a placé la nouvelle cabane dans un endroit plus élevé. Elle est assez bien installée. Il y a un lit de camp, des couvertures à la marque du club alpin suisse ; un fourneau qui a dû y être apporté avec de grandes difficultés, et une petite batterie de cuisine. Si ce n'était la paille humide d'une odeur insupportable, et la fumée qui vous travaille comme un jambon, le reste est bien confortable.

Comme on nous l'avait annoncé, nous ne sommes pas seuls. Il y a place pour huit personnes, et nous sommes onze ; donc, la nuit sera mauvaise. A dix heures, on sonne le couvre-feu, et à une heure le réveil. Depuis minuit, Clément et Andréas s'étaient mis à rallumer le feu et à faire la soupe. Je tourmente mes deux compagnons pour les faire manger une partie des vivres que nous avons apportés, leur donnant autant que possible le bon exemple. Peine inutile! Ils se contentent de la soupe et d'un peu de café! C'est bien peu pour commencer une journée de plus de quinze heures de marche.

A deux heures le départ. Nous remontons le rocher contre lequel est adossée la cabane et, au bout de quelques mètres, nous trouvons le glacier. Le temps est beau et froid; un petit croissant de la lune à son dernier quartier, éclaire légèrement notre route et semble nous souhaiter bon voyage. Cette obscure lumière et le silence qui règne autour de nous, donnent quelque chose de mystérieux à notre marche. Par moment, le docteur et M. Carret maugréent sur leur mauvaise nuit et dorment en marchant. La silhouette arrondie, blanche et noire du Mönch, la calotte toute blanche du Trugberg ne peuvent pas leur arracher un mot d'admiration. Nous arrivons ainsi jusqu'au premier sommet du Mönch Joch où le docteur réclame un moment d'arrêt. Il vérifie l'altitude: 3,636 mètres. C'est celle de la carte de Dufour. Ce point de rencontre confirme la modification que j'ai indiquée pour la cabane de Bergli.

Le Mönch Joch est composé de deux cols distants l'un de l'autre d'environ 1,000 mètres. L'Ober Joch a 60 mètres d'altitude de plus que l'Unter. C'est entre ces deux cols que l'on passe si l'on veut aller à l'Eggischorn sans faire l'ascension de la Jungfrau. On suit alors le glacier du Trugberg, laissant cette montagne à sa droite, et on économise ainsi deux heures de marche.

Après la traversée des deux cols, nous descendons assez rapidement vers le glacier supérieur de la Jungfrau, où nous arrivons vers six heures. Là, mes deux compagnons, toujours accablés par le sommeil, ne se sentent pas le courage de continuer. Le docteur s'étend sur son plaid et me demande de lui accorder seulement une demi-heure de sommeil. Je la lui refuse, persuadé qu'avec le froid très vif que nous avons, c'est une grave imprudence. M. Carret outre le besoin de sommeil, se plaint de douleurs aux tempes et se déclare incapable d'affronter l'ascension. Devant pareilles déclarations, continuer la montée serait une folie...

« Descendons à la Concordia hütt, dis-je aux guides, je renonce à la Jungfrau. » Chacun reprend sacs et bagages, quand Devouassoud, qui savait depuis combien de temps je désirais faire cette ascension, me propose d'accompagner lui seul, ces messieurs au chalet de la Concordia, où j'irai les rejoindre en descendant de la Jungfrau. La neige est dure, les crevasses ne seront pas à craindre. Avec l'assentiment de mes deux compagnons, j'accepte et les regarde partir, pendant que nous prenons un petit déjeuner.

Un Anglais, venu avec ses guides de la Concordia, a déjà depuis une heure commencé l'ascension. Tant mieux ! nous aurons moins de marches à tailler.

Par une grimpade rapide, nous arrivons bientôt au bord de la première rimaye dont l'œil ne peut mesurer la profondeur. La grande quantité de neige tombée cette année nous permet de la traverser sur un pont et sans aucune difficulté. Un peu plus loin, nous trouvons une pente extrêmement raide que nous ne pouvons franchir qu'en enfonçant les mains et les pieds dans des trous pratiqués dans le névé. A ce moment, ce qui rend l'ascension encore plus pénible, c'est une rafale qui nous fouette la figure avec du grésil tombé la veille. Ce premier pas franchi, nous pouvons, en obliquant un peu du côté du Roththalhorn, monter une pente moins raide ; mais bientôt nous rencontrons la seconde rimaye plus grande encore que la première, et qui, dans les années de sécheresse doit couper complètement le passage depuis les rochers du Roththalhorn, jusqu'à ceux de la Jungfrau.

Cette fois encore l'abondance de neige nous vient en aide. Mais, à peine le pont franchi, nous nous trouvons en face d'un mur de glace perpendiculaire de plus de deux mètres de hauteur. Faute d'échelle, le guide se sert pour l'escalade des épaules de l'un des porteurs et, une fois en haut, il fixe la corde à son piolet fortement enfoncé dans la glace et cette corde nous sert d'échelle. Cent mètres de plus en zingzayant un peu, et nous sommes au plateau du Roththal-Sattel à 8 heures et à 3,850 mètres.

Ce n'est pas sans une certaine émotion que l'on arrive, par une pente moyenne de 45°, sur ce plateau qui n'a que trois à quatre mètres de largeur et qui aboutit, de l'autre côté, à un à pic de plus de mille mètres de profondeur sur l'horrible glacier du Roththal (2,760m), dont on distingue très bien, malgré la distance, les nombreuses crevasses.

Pendant un moment de halte, que les guides emploient à me donner un réconfortant, je plonge, avec une certaine frayeur, le regard sur cet abîme béant. Un bien triste souvenir traverse en cet instant mon esprit. Il y a douze ans, avec quelques élèves j'allais traverser le glacier du Tschinguel et m'arrêtais pour passer la nuit au chalet du Schmadribach. En y arrivant, j'aperçus assise sur la porte la maîtresse entourée de quatre petits enfants et les yeux en pleurs. Je lui demandai la cause de sa douleur, elle fondit en larmes en me montrant de la main le Roththal. Deux jours avant, son mari y avait péri en accompagnant un professeur de Berne. Je cherchais des yeux et en frissonnant l'endroit où ce malheureux avait pu glisser, lorsque Peter, s'apercevant de mon émotion, me dit d'un ton qui n'admet pas de réplique : « Partons ! vous prendriez froid. »

Nous tournons à notre droite, faisons quelques pas et nous sommes en face d'une pente d'environ 55° à 60° et d'une hauteur de près de trois cents mètres ; et aux deux tiers de la rampe l'Anglais, qui monte péniblement, tiré et poussé par ses deux guides.

L'espoir de l'atteindre bientôt me redonne courage et nous avançons non sans un certain effroi parce que, à ma gauche, à un mètre de moi, je vois l'abîme, c'est-à-dire les rochers à pic et au fond toujours le glacier du Roththal. Cependant, peu à peu, je m'habitue à ce spectacle et, en moins d'une heure, nous abordons un petit glacis de rochers de gneiss. Nous sommes obligés de nous arrêter là, pour attendre le retour de l'Anglais, qui, à peine arrivé au sommet, le quitte immédiatement, tenant des deux mains le guide qui le précède et retenu derrière par le second guide. Etait-ce la frayeur ou le vertige qui lui faisait prendre ces précautions ? Je ne sais.

Des rochers où nous attendons jusqu'au sommet, c'est une arête d'une pente environ de 30° à 35°. Cette pente a trente mètres de longueur sur une largeur de moins d'un mètre. Elle surplombe du côté de l'ouest et du côté de l'est; elle a une inclinaison de 50° sur cette largeur d'un mètre, puis c'est un à pic. Il est donc impossible de marcher deux de front. Peter est devant ; je le suis, appuyant mon piolet sur le bord de l'arrête à ma gauche afin de garder mon équilibre. Arrivé tout à fait au sommet qui est très aigu, par quelques coups de piolet, Peter en abaisse la pointe pour m'y faire un siège qui peut avoir cinquante centimètres en longueur et en largeur et, se retournant, il me saisit à bras le corps et, faisant de nouveau demi-tour, il me place devant lui sur ce siège improvisé. Jusque là, tout entier aux préoccupations de la montée, je n'avais rien vu. A peine assis, je me suis senti ébloui, anéanti, devant cette grandeur, cette immensité. C'est un envahissement soudain de l'émotion qui va jusqu'aux larmes et, en même temps une élévation de son cœur à Dieu, auteur de toutes ces splendeurs. Ce n'est qu'au bout de quelques minutes que le calme me revient et que j'essaie d'étudier, une à une, les beautés qui m'environnent de toutes parts. Le ciel est splendide : quelques brouillards seulement du côté de l'Italie et du Tyrol couvrent les vallées, mais laissent émerger toutes les pointes neigeuses. Depuis l'Ortler et le Bernina jusqu'au Montblanc, on peut compter toutes les cimes. Après avoir contemplé tous les rois de chaque massif : le Monte Leone, le Monte Rosa, le Cervin, le Weisshorn et tous les autres, je regarde plus près de moi, pour admirer jusqu'à mes pieds le Silberhorn, qui mérite si bien son nom de pic d'argent; le Schneerhorn et le Mönch et, plus bas à trois mille mètres, la riante vallée de Lauterbrunnen avec sa Lutschine blanche, le gracieux plateau de Mürren et, dans le lointain, plus à droite, le lac de Thoune. Je n'insiste pas sur ce panorama; il est de ceux qu'on n'ose plus décrire : on les amoindrirait. Ma joie serait complète si j'avais là, près de moi, mes deux compagnons de voyage, pour leur faire partager mon enthousiasme. C'est la seule ombre à ce splendide tableau.

Pour l'altitude, la Jungfrau n'arrive qu'au troisième rang parmi ces géants de l'Oberland. Le Finsteraarhorn et l'Aletschorn sont plus élevés. Mais elle doit certainement occuper le premier comme belvédère, parce que placée en avant de tout ce massif, de sa cime, mieux que de celle de ses aînées, on peut jouir du panorama qui l'entoure.

Il est 9 heures et demie. Il y a une demi-heure que je suis à ce sommet, et j'y resterais volontiers encore, mais j'ai plus bas deux amis qui m'attendent et qui, peut-être, sont inquiets. Nous repartons et, au premier pas, je heurte une bouteille vide, et à côté j'en aperçois une autre. Si j'avais su, à ce moment, que quelques jours auparavant, M. Joanny Marduel (de notre section), était venu aussi jouir de ce beau panorama, avec quel plaisir j'aurais cherché dans une de ces bouteilles, pour y trouver sa carte, et à côté, j'aurais placé la mienne !

Arrivé premier, je repars dernier, et ainsi jusqu'au glacis de rochers. Au-dessous commencent de nouvelles difficultés. Le guide n'est plus à la tête de la caravane ; il reste le dernier, et là, au pied du rocher, il commence à enfoncer son piolet, à passer la corde autour de ce point fixe, et s'arcboutant le plus possible, il nous laisse descendre, lâchant peu à peu la corde, toujours tendue et serrée autour du piolet. Sans ces précautions, le moindre faux pas serait fatal. Quand tout le monde a épuisé la longueur de la corde, chacun se cramponne de son mieux, et alors, le guide descend nous rejoindre pour recommencer le même exercice jusqu'au plateau de Roththal, c'est-à-dire, pendant trois cents mètres. Aussi, mettons-nous beaucoup de temps pour la descente. J'avais essayé, pendant les premiers mètres, de descendre comme on descend une pente quelconque, le dos tourné du côté de la montagne ; mais celle-ci était tellement rapide, qu'à chaque instant je dépassais la perpendiculaire et perdais l'équilibre. Force me fut de me retourner pour descendre comme on descend une échelle, enfonçant les pieds et la main gauche dans les trous pratiqués dans la glace, et de la main droite me servant de mon piolet. Cette dernière précaution n'était pas inutile : à plusieurs reprises, le trou dans lequel je mettais le pied, ne se trouvant pas assez profond, mon pied glissait, en détachant un morceau de glaçon. Le piolet alors me retenait et empêchait de donner une trop violente secousse à la corde.

Après le Roththal-Sattel, dans les endroits où la pente était moins raide, assis sur la glace, nous faisions le traîneau jusqu'aux rimayes où nous nous arrêtions subitement pour prendre les précautions nécessaires.

Nous arrivons ainsi à midi et demi au glacier supérieur, où m'avaient quitté MM. Bianchi et Carret, et où nous avions laissé les instruments de photographie et les bagages. Nous avions mis, pour la descente, le même temps que pour la montée. Après avoir fait un bon déjeuner, et pris deux photographies sur ce plateau, nous nous dirigeons vers la Concordia hütt où je dois retrouver mes amis. Nous marchons avec autant de rapidité que le permet la neige fondante ; souvent nous enfonçons dans de petites crevasses cachées sous cette neige, mais sans aucun accident, parce que nous gardons avec soin nos distances.

A 3 heures et demie, nous montons au chalet de la Concordia. Point de docteur ni de M. Carret : ils ont perdu patience. Je trouve seulement l'Anglais qui vient d'entrer en même temps que moi. Nous nous reposons une demi-heure, profitant du feu du fourneau, pour boire une tasse de café bien chaud, et nous repartons, descendant le grand glacier d'Aletsch au pas accéléré, sautant les crevasses à qui mieux mieux.

A 6 heures et demie, sur les bords du lac Mœrgelen (2,320 mètres), je prends encore deux vues photographiques. Un batelier est là qui nous attend pour nous transporter sur l'autre rive du lac, en nous faisant passer près de quelques icebergs qui se promènent sur cette eau bleue. Ce qui manque tout à fait de charme, c'est qu'arrivé à l'autre bord du lac, il faut encore remonter à peu près trois cents mètres pour atteindre le col de l'Eggischorn.

Enfin, j'arrive à l'hôtel de la Jungfrau, où je trouve mes deux amis. Ils m'ont vu près du sommet du col et viennent à ma rencontre. Il est 7 heures et demie du soir. La course a duré dix-sept heures et demie, y compris les haltes pour les repas et la photographie. Après une heure de repos, nous allons prendre un bon souper bien mérité, je crois, et je me retrouve encore en face de mon Anglais en train d'absorber force champagne pour oublier les fatigues de la journée. Le lendemain, nous reprenons prosaïquement la route de Lyon.

Je n'ai pas besoin de recommander cette course, elle est assez connue. Elle n'est pas à la portée de tous, soit à cause de ses difficultés propres, soit à cause du vertige ; elle exige pied solide et tête sûre. Mais je recommande beaucoup la dernière partie de ma course, le grand glacier d'Aletsch jusqu'à la Concordia hütt. C'est une simple promenade, sans aucune difficulté, sans aucune fatigue, et c'est un des plus beaux panoramas sur les glaciers, pour ne pas dire le plus beau. Du reste, le grand glacier d'Aletsch est le plus grand de la Suisse, et je crois de l'Europe ; et à ce seul titre, il mérite bien une visite.

Il me reste, en terminant, un dernier devoir à remplir : c'est un témoignage et un remerciement à mes guides. J'avais laissé mon vieil ami Devouassoud à mes deux compagnons de voyage, mais j'avais, pour le remplacer, son fils Clément, digne de son père : même courage, même énergie, même prudence que lui. Il saura aussi se faire un nom parmi les bons guides.

Quant à Peter Anderegg, d'autres noms plus autorisés que le mien l'ont déjà recommandé ; je ne puis que m'associer aux éloges qui lui ont été donnés ; son expérience, ses attentions en font un excellent guide pour les grandes courses de montagnes et de glaciers. Il faut encore associer à ces éloges le jeune Andraeas Anderegg, gai, alerte, et toujours prêt à rendre service.

A. CHIFFLET.

www.ingramcontent.com/pod-product-compliance
Ingram Content Group UK Ltd.
Pitfield, Milton Keynes, MK11 3LW, UK
UKHW021014220726
13924UKWH00002B/974

9 782019 961060